J.D. Salinger

El guardián entre el centeno

Capítulo 1

Si de verdad les interesa lo que voy a contarles, lo primero que querrán saber es dónde nací, cómo fue todo ese rollo de mi infancia, qué hacían mis padres antes de tenerme a mí, y demás puñetas estilo David Copperfield, pero no tengo ganas de contarles nada de eso. Primero porque es una lata, y, segundo, porque a mis padres les daría un ataque si yo me pusiera aquí a hablarles de su vida privada. Para esas cosas son muy especiales, sobre todo mi padre. Son buena gente, no digo que no, pero a quisquillosos no hay quien les gane. Además, no crean que voy a contarles mi autobiografía con pelos y señales. Sólo voy a hablarles de una cosa de locos que me pasó durante las Navidades pasadas, antes de que me quedara tan débil que tuvieran que mandarme aquí a reponerme un poco. A D.B. tampoco le he contado más, y eso que es mi hermano. Vive en Hollywood. Como no está muy lejos de este antro, suele venir a verme casi todos los fines de semana. El será quien me lleve a casa cuando salga de aquí, quizá el mes próximo. Acaba de comprarse un «Jaguar», uno de esos cacharros ingleses que se ponen en las doscientas millas por hora como si nada. Cerca de cuatro mil dólares le ha costado. Ahora está forrado el tío. Antes no. Cuando vivía en casa era sólo un escritor corriente y normal. Por si no saben quién es, les diré que ha escrito *El pececillo secreto,* que es un libro de cuentos fenomenal. El mejor de todos es el que se llama igual que el libro. Trata de un niño que tiene un pez y no se lo deja ver a nadie porque se lo ha comprado con su dinero. Es una historia estupenda. Ahora D.B. está en Hollywood prostituyéndose. Si hay algo que odio en el mundo es el cine. Ni me lo nombren.

—

Empezaré por el día en que salí de Pencey, que es un colegio que hay en Agerstown, Pennsylvania. Habrán oído hablar de él. En todo caso, seguro que han visto la propaganda. Se anuncia en miles de revistas siempre con un tío de muy buena facha montado en un caballo y saltando una valla. Como si en Pencey no se hiciera otra cosa que jugar todo el santo día al polo. Por mi parte, en todo el tiempo que estuve allí no vi un caballo ni por casualidad. Debajo de la foto del tío montando siempre dice lo mismo: «Desde 1888 moldeamos muchachos transformándolos en hombres espléndidos y de mente clara.» Tontadas. En Pencey se moldea tan poco como en cualquier otro colegio. Y allí no había un solo tío ni espléndido, ni de mente clara. Bueno, sí. Quizá dos. Eso como mucho. Y probablemente ya eran así de nacimiento.

Pero como les iba diciendo, era el sábado del partido de fútbol contra Saxon Hall. A ese partido se le tenía en Pencey por una cosa muy seria. Era el último del año y había que suicidarse o -poco menos si no ganaba el equipo del colegio. Me acuerdo que hacia las tres, de aquella tarde estaba yo en lo más alto de Thomsen Hill junto a un cañón absurdo de esos de la Guerra de la Independencia y todo ese follón. No se veían muy bien los graderíos, pero sí se oían los gritos, fuertes y sonoros los del lado de Pencey, porque estaban allí prácticamente todos los alumnos menos yo, y débiles y como apagados los del lado de Saxon Hall, porque el equipo visitante por lo general nunca se traía muchos partidarios.

A los encuentros no solían ir muchas chicas. Sólo los más mayores podían traer invitadas. Por donde se le mirase era un asco de colegio. A mí los que me gustan son esos sitios donde, al menos de vez en cuando, se ven unas cuantas chavalas aunque sólo estén rascándose un brazo, o sonándose la nariz, o riéndose, o haciendo lo que les dé la gana. Selma Thurner, la hija del director, sí iba con bastante frecuencia, pero, vamos, no era exactamente el tipo de chica como para volverle a uno loco de deseo. Aunque simpática sí era. Una vez fui sentado a su lado en el autobús desde Agerstown al colegio y nos pusimos a hablar un rato. Me cayó muy bien. Tenía una nariz muy larga, las uñas todas comidas y como sanguinolentas, y llevaba en el pecho unos postizos de esos que parece que van a pincharle a uno, pero en el fondo daba un poco de pena. Lo que más me gustaba de ella es que nunca te venía con el rollo de lo fenomenal que era su padre. Probablemente sabía que era un gilipollas.

Si yo estaba en lo alto de Thomsen Hill en vez de en el campo de fútbol, era porque acababa de volver de Nueva York con el equipo de esgrima. Yo era el jefe. Menuda cretinada. Habíamos ido a Nueva York aquella mañana para enfrentarnos con los del colegio McBurney. Sólo que el encuentro no se celebró. Me dejé los floretes, el equipo y todos los demás trastos en el metro. No fue del todo culpa mía. Lo que pasó es que tuve que ir mirando el plano todo el tiempo para saber dónde teníamos que bajarnos. Así que volvimos a Pencey a las dos y media en vez de a la hora de la cena. Los tíos del equipo me hicieron el vacío durante todo el viaje de vuelta. La verdad es que dentro de todo tuvo gracia.

La otra razón por la que no había ido al partido era porque quería despedirme de Spencer, mi profesor de historia. Estaba con gripe y pensé que probablemente no se pondría bien hasta ya entradas las vacaciones de Navidad. Me había escrito una nota para que fuera a verlo antes de irme a casa. Sabía que no volvería a Pencey.

—

Es que no les he dicho que me habían echado. No me dejaban volver después de las vacaciones porque me habían suspendido en cuatro asignaturas y no estudiaba nada. Me advirtieron varias veces para que me aplicara, sobre todo antes de los exámenes parciales cuando mis padres fueron a hablar con el director, pero yo no hice caso. Así que me expulsaron. En Pencey expulsan a los chicos por menos de nada. Tienen un nivel académico muy alto. De verdad.

Pues, como iba diciendo, era diciembre y hacía un frío que pelaba en lo alto de aquella dichosa montañita. Yo sólo llevaba la gabardina y ni guantes ni nada. La semana anterior alguien se había llevado directamente de mi cuarto mi abrigo de pelo de camello con los guantes forrados de piel metidos en los bolsillos y todo. Pencey era una cueva de ladrones. La mayoría de los chicos eran de familias de mucho dinero, pero aun así era una auténtica cueva de ladrones. Cuanto más caro el colegio más te roban, palabra. Total, que ahí estaba yo junto a ese cañón absurdo mirando el campo de fútbol y pasando un frío de mil demonios. Sólo que no me fijaba mucho en el partido. Si seguía clavado al suelo, era por ver si me entraba una sensación de despedida. Lo que quiero decir es que me he ido de un montón de colegios y de sitios sin darme cuenta siquiera de que me marchaba. Y eso me revienta. No importa que la sensación sea triste o hasta desagradable, pero cuando me voy de un sitio me gusta darme cuenta de que me marcho. Si no luego da más pena todavía.

Tuve suerte. De pronto pensé en una cosa que me ayudó a sentir que me marchaba. Me acordé de un día en octubre o por ahí en que yo, Robert Tichener y Paul Campbell estábamos jugando al fútbol delante del edificio de la administración. Eran unos tíos estupendos, sobre todo Tichener. Faltaban pocos minutos para la cena y había anochecido bastante, pero nosotros seguíamos dale que te pego metiéndole puntapiés a la pelota. Estaba ya tan oscuro que casi no se veía ni el balón, pero ninguno queríamos dejar de hacer lo que estábamos haciendo. Al final no tuvimos más remedio. El profesor de biología, el señor Zambesi, se asomó a la ventana del edificio y nos dijo que volviéramos al dormitorio y nos arregláramos para la cena. Pero, a lo que iba, si consigo recordar una cosa de ese estilo, enseguida me entra la sensación de despedida. Por lo menos la mayoría de las veces. En cuanto la noté me di la vuelta y eché a correr cuesta abajo por la ladera opuesta de la colina en dirección a la casa de Spencer. No vivía dentro del recinto del colegio. Vivía en la Avenida Anthony Wayne.

Corrí hasta la puerta de la verja y allí me detuve a cobrar aliento. La verdad es que en cuanto corro un poco se me corta la respiración. Por una parte, porque fumo como una chimenea, o, mejor dicho, fumaba, porque me obligaron a dejarlo. Y por otra, porque el año pasado crecí seis pulgadas y media. Por eso también estuve a punto de pescar una tuberculosis y tuvieron que mandarme aquí a que me hicieran un montón de análisis y cosas de ésas. A pesar de todo, soy un tío bastante sano, no crean.

Pero, como decía, en cuanto recobré el aliento crucé a todo correr la carretera 204. Estaba completamente helada y no me rompí la crisma de milagro. Ni siquiera sé por qué corría. Supongo que porque me apetecía. De pronto me sentí como si estuviera desapareciendo. Era una de esas tardes extrañas, horriblemente frías y sin sol ni nada, y uno se sentía como si fuera a esfumarse cada vez que cruzaba la carretera.

—

¡Jo! ¡No me di prisa ni nada a tocar el timbre de la puerta en cuanto llegué a casa de Spencer! Estaba completamente helado. Me dolían las orejas y apenas podía mover los dedos de las manos.

—¡Vamos, vamos! —dije casi en voz alta—. ¡A ver si abren de una vez!

Al fin apareció la señora Spencer. No tenían criada ni nada y siempre salían ellos mismos a abrir la puerta. No debían andar muy bien de pasta.

—¡Holden! —dijo la señora Spencer—. ¡Qué alegría verte! Entra, hijo, entra. Te habrás quedado heladito.

Me parece que se alegró de verme. Le caía simpático. Al menos eso creo.

Se imaginarán la velocidad a que entré en aquella casa.

—¿Cómo está usted, señora Spencer? —le pregunté—. ¿Cómo está el señor Spencer?

—Dame el abrigo —me dijo. No me había oído preguntar por su marido. Estaba un poco sorda.

Colgó mi abrigo en el armario del recibidor y, mientras, me eché el pelo hacia atrás con la mano. Por lo general, lo llevo cortado al cepillo y no tengo que preocuparme mucho de peinármelo.

—¿Cómo está usted, señora Spencer? —volví a decirle, sólo que esta vez más alto para que me oyera.

—Muy bien, Holden —Cerró la puerta del armario-. Y tú, ¿cómo estás?

Por el tono de la pregunta supe inmediatamente que Spencer le había contado lo de mi expulsión.

—Muy bien —le dije—. Y, ¿cómo está el señor Spencer? ¿Se le ha pasado ya la gripe?

—¡Qué va! Holden, se está portando como un perfecto... yo que sé qué... Está en su habitación, hijo. Pasa.

Capítulo 2

Dormían en habitaciones separadas y todo. Debían tener como setenta años cada uno y hasta puede que más, y, sin embargo, aún seguían disfrutando con sus cosas. Un poco a lo tonto, claro. Pensarán que tengo mala idea, pero de verdad no lo digo con esa intención. Lo que quiero decir es que solía pensar en Spencer a menudo, y que cuando uno pensaba mucho en él, empezaba a preguntarse para qué demonios querría seguir viviendo. Estaba todo encorvado en una postura terrible, y en clase, cuando se le caía una tiza al suelo, siempre tenía que levantarse un tío de la primera fila a recogérsela. A mí eso me parece horrible. Pero si se pensaba en él sólo un poco, no mucho, resultaba que dentro de todo no lo pasaba tan mal. Por ejemplo, un domingo que nos había invitado a mí y a otros cuantos chicos a tomar chocolate, nos enseñó una manta toda raída que él y su mujer le habían comprado a un navajo en el parque de Yellowstone. Se notaba que Spencer lo había pasado de miedo comprándola. A eso me refería. Ahí tienen a un tío como Spencer, más viejo que Matusalén, y resulta que se lo pasa bárbaro comprándose una manta.

Tenía la puerta abierta, pero aun así llamé un poco con los nudillos para no parecer mal educado. Se le veía desde fuera. Estaba sentado en un gran sillón de cuero envuelto en la manta de que acabo de hablarles. Cuando llamé, me miró.

—¿Quién es? —gritó—. ¡Caulfield! ¡Entra, muchacho!

Fuera de clase estaba siempre gritando. A veces le ponía a uno nervioso.

—

En cuanto entré, me arrepentí de haber ido. Estaba leyendo el *Atlantic Monthly,* tenía la habitación llena de pastillas y medicinas, y olía a Vicks Vaporub. Todo bastante deprimente. Confieso que no me vuelven loco los enfermos, pero lo que hacía la cosa aún peor era que llevaba puesto un batín tristísimo todo zarrapastroso, que debía tener desde que nació. Nunca me ha gustado ver a viejos ni en pijama, ni en batín ni en nada de eso. Van enseñando el pecho todo lleno de bultos, y las piernas, esas piernas de viejo que se ven en las playas, muy blancas y sin nada de pelo.

—Buenas tardes, señor —le dije—. Me han dado su recado. Muchas gracias.

Me había escrito una nota para decirme que fuera a despedirme de él antes del comienzo de las vacaciones.

—No tenía que haberse molestado. Habría venido a verle de todos modos.

—Siéntate ahí, muchacho dijo Spencer.

Se refería a la cama. Me senté.

—¿Cómo está de la gripe?

—Si me sintiera un poco mejor, tendría que llamar al médico —dijo Spencer.

Se hizo una gracia horrorosa y empezó a reírse como un loco, medio ahogándose. Al final se enderezó en el asiento y me dijo:

—¿Cómo no estás en el campo de fútbol? Creí que hoy era el día del partido.

—Lo es. Y pensaba ir. Pero es que acabo de volver de Nueva York con el equipo de esgrima —le dije.

¡Vaya cama que tenía el tío! Dura como una piedra. De pronto le dio por ponerse serio. Me lo estaba temiendo.

—Así que nos dejas, ¿eh?

—Sí, señor, eso parece.

Empezó a mover la cabeza como tenía por costumbre. Nunca he visto a nadie mover tanto la cabeza como a Spencer. Y nunca llegué a saber si lo hacía porque estaba pensando mucho, o porque no era más que un vejete que ya no distinguía el culo de las témporas.

—¿Qué te dijo el señor Thurmer, muchacho? He sabido que tuvisteis una conversación.

—Sí. Es verdad. Me pasé en su oficina como dos horas, creo.

—Y, ¿qué te dijo?

—Pues eso de que la vida es como una partida y hay que vivirla de acuerdo con las reglas del juego. Estuvo muy bien. Vamos, que no se puso como una fiera ni nada. Sólo me dijo que la vida era una partida y todo eso... Ya sabe.

—La vida es una partida, muchacho. La vida es una partida y hay que vivirla de acuerdo con las reglas del juego.

—Sí, señor. Ya lo sé. Ya lo sé.

De partida un cuerno. Menuda partida. Si te toca del lado de los que cortan el bacalao, desde luego que es una partida, eso lo reconozco. Pero si te toca del otro lado, no veo dónde está la partida. En ninguna parte. Lo que es de partida, nada.

—¿Ha escrito ya el señor Thurner a tus padres? —me preguntó Spencer.

—Me dijo que iba a escribirles el lunes.

—¿Te has comunicado ya con ellos?

—No señor, aún no me he comunicado con ellos porque, seguramente, les veré el miércoles por la noche cuando vuelva a casa.

—Y, ¿cómo crees que tomarán la noticia?

—Pues... se enfadarán bastante —le dije—. Se enfadarán. He ido ya como a cuatro colegios.

Meneé la cabeza. Meneo mucho la cabeza.

—¡Jo! —dije luego. También digo «¡jo!» muchas veces. En parte porque tengo un vocabulario pobrísimo, y en parte porque a veces hablo y actúo como si fuera más joven de lo que soy. Entonces tenía dieciséis años. Ahora tengo diecisiete y, a veces, parece que tuviera trece, lo cual es bastante irónico porque mido seis pies y dos pulgadas y tengo un montón de canas. De verdad. Todo un lado de la cabeza, el derecho, lo tengo lleno de millones de pelos grises. Desde pequeño. Y aun así hago cosas de crío de doce años. Lo dice todo el mundo, especialmente mi padre, y en parte es verdad, aunque sólo en parte. Pero la gente se cree que las cosas tienen que ser verdad del todo. No es que me importe mucho, pero también es un rollo que le estén diciendo a uno todo el tiempo que a ver si se porta como corresponde a su edad. A veces hago cosas de persona mayor, en serio, pero de eso nadie se da cuenta. La gente nunca se da cuenta de nada.

Spencer empezó a mover otra vez la cabeza. Empezó también a meterse el dedo en la nariz. Hacía como si sólo se la estuviera rascando, pero la verdad es que se metía el dedazo hasta los sesos. Supongo que pensaba que no importaba porque al fin y al cabo estaba solo conmigo en la habitación. Y no es que me molestara mucho, pero tienen que reconocer que da bastante asco ver a un tío hurgándose las napias.

Luego dijo:

—Tuve el placer de conocer a tus padres hace unas semanas, cuando vinieron a ver al señor Thurner. Son encantadores.

—Sí. Son buena gente.

«Encantadores». Esa sí que es una palabra que no aguanto. Suena tan falsa que me dan ganas de vomitar cada vez que la oigo.

De pronto pareció como si Spencer fuera a decir algo muy importante, una frase lapidaria aguda como un estilete. Se arrellanó en el asiento y se removió un poco. Pero fue una falsa alarma. Todo lo que hizo fue coger el *Atlantic Monthly* que tenía sobre las rodillas y tirarlo encima de la cama. Erró el tiro. Estaba sólo a dos pulgadas de distancia, pero falló. Me levanté, lo recogí del suelo y lo puse sobre la cama. De pronto me entraron unas ganas horrorosas de salir de allí pitando. Sentía que se me venía encima un sermón y no es que la idea en sí me molestara, pero me sentía incapaz de aguantar una filípica, oler a Vicks Vaporub, y ver a Spencer con su pijama y su batín todo al mismo tiempo. De verdad que era superior a mis fuerzas.

Pero, tal como me lo estaba temiendo, empezó.

—¿Qué te pasa, muchacho? —me preguntó. Y para su modo de ser lo dijo con bastante mala leche—. ¿Cuántas asignaturas llevas este semestre?

—Cinco, señor.

—Cinco. Y, ¿en cuántas te han suspendido?

—En cuatro.

Removí un poco el trasero en el asiento. En mi vida había visto cama más dura.

—En Lengua y Literatura me han aprobado —le dije—, porque todo eso de *Beowulf* y *Lord Randal, mi hijo,* lo había dado ya en el otro colegio. La verdad es que para esa clase no he tenido que estudiar casi nada. Sólo escribir una composición de vez en cuando.

Ni me escuchaba. Nunca escuchaba cuando uno le hablaba.

—Te he suspendido en historia sencillamente porque no sabes una palabra.

—Lo sé, señor. ¡Jo! ¡Que si lo sé! No ha sido culpa suya.

—Ni una sola palabra —repitió.

Eso sí que me pone negro. Que alguien te diga una cosa dos veces cuando tú ya la has admitido a la primera. Pues aún lo dijo otra vez:

—

—Ni una sola palabra. Dudo que hayas abierto el libro en todo el semestre. ¿Lo has abierto? Dime la verdad, muchacho.

—Verá, le eché una ojeada un par de veces —le dije.

No quería herirle. Le volvía loco la historia.

—Conque lo ojeaste, ¿eh? —dijo, y con un tono de lo más sarcástico—. Tu examen está ahí, sobre la cómoda. Encima de ese montón. Tráemelo, por favor.

Aquello sí que era una puñalada trapera, pero me levanté a cogerlo y se lo llevé. No tenía otro remedio. Luego volví a sentarme en aquella cama de cemento. ¡Jo! ¡No saben lo arrepentido que estaba de haber ido a despedirme de él!

Manoseaba el examen con verdadero asco, como si fuera una plasta de vaca o algo así.

—Estudiamos los egipcios desde el cuatro de noviembre hasta el dos de diciembre —dijo—. Fue el tema que tú elegiste. ¿Quieres oír lo que dice aquí?

—No, señor. La verdad es que no —le dije.

Pero lo leyó de todos modos. No hay quien pare a un profesor cuando se empeña en una cosa. Lo hacen por encima de todo.

—«Los egipcios fueron una antigua raza caucásica que habitó una de las regiones del norte de África. África, como todos sabemos, es el continente mayor del hemisferio oriental».

Tuve que quedarme allí sentado escuchando todas aquellas idioteces. Me la jugó buena el tío.

—«Los egipcios revisten hoy especial interés para nosotros por diversas razones. La ciencia moderna no ha podido aún descubrir cuál era el ingrediente secreto con que envolvían a sus muertos para que la cara no se les pudriera durante innumerables siglos. Ese interesante misterio continúa acaparando el interés de la ciencia moderna del siglo XX».

Dejó de leer. Yo sentía que empezaba a odiarle vagamente.

—Tu ensayo, por llamarlo de alguna manera, acaba ahí —dijo en un tono de lo más desagradable. Parecía mentira que un vejete así pudiera ponerse tan sarcástico—. Por lo menos, te molestaste en escribir una nota a pie de página.

—Ya lo sé —le dije. Y lo dije muy deprisa para ver si le paraba antes de que se pusiera a leer aquello en voz alta. Pero a ése ya no había quien le frenara. Se había disparado.

—«Estimado señor Spencer» —leyó en voz alta— «Esto es todo lo que sé sobre los egipcios. La verdad es que no he logrado interesarme mucho por ellos aunque sus clases han sido muy interesantes. No le importe suspenderme porque de todos modos van a catearme en todo menos en lengua. Respetuosamente, Holden Caulfield».

Dejó de leer y me miró como si acabara de ganarme en una partida de ping-pong o algo así. Creo que no le perdonaré nunca que me leyera aquellas gilipolleces en voz alta. Yo no se las habría leído si las hubiera escrito él, palabra. Para empezar, sólo le había escrito aquella nota para que no le diera pena suspenderme.

—¿Crees que he sido injusto contigo, muchacho? —dijo.

—No, señor, claro que no —le contesté. ¡A ver si dejaba ya de llamarme «muchacho» todo el tiempo!

Cuando acabó con mi examen quiso tirarlo también sobre la cama. Sólo que, naturalmente, tampoco acertó. Otra vez tuve que levantarme para recogerlo del suelo y ponerlo encima del *Atlantic Monthly*. Es un aburrimiento tener que hacer lo mismo cada dos minutos.

—¿Qué habrías hecho tú en mi lugar? —me dijo—. Dímelo sinceramente, muchacho.

La verdad es que se le notaba que le daba lástima suspenderme, así que me puse a hablar como un descosido. Le dije que yo era un imbécil, que en su lugar habría hecho lo mismo, y que muy poca gente se daba cuenta de lo difícil que es ser profesor. En fin, el rollo habitual. Las tonterías de siempre.

—

Lo gracioso es que mientras hablaba estaba pensando en otra cosa. Vivo en Nueva York y de pronto me acordé del lago que hay en Central Park, cerca de Central Park South. Me pregunté si estaría ya helado y, si lo estaba, adonde habrían ido los patos. Me pregunté dónde se meterían los patos cuando venía el frío y se helaba la superficie del agua, si vendría un hombre a recogerlos en un camión para llevarlos al zoológico, o si se irían ellos a algún sitio por su cuenta.

Tuve suerte. Pude estar diciéndole a Spencer un montón de estupideces y al mismo tiempo pensar en los patos del Central Park. Es curioso, pero cuando se habla con un profesor no hace falta concentrarse mucho. Pero de pronto me interrumpió. Siempre le estaba interrumpiendo a uno.

—¿Qué piensas de todo esto, muchacho? Me interesa mucho saberlo. Mucho.

—¿Se refiere a que me hayan expulsado de Pencey? —le dije. Hubiera dado cualquier cosa porque se tapara el pecho. No era un panorama nada agradable.

—Si no me equivoco creo que también tuviste problemas en el Colegio Whooton y en Elkton Hills.

Esto no lo dijo sólo con sarcasmo. Creo que lo dijo también con bastante mala intención.

—En Elkton Hills no tuve ningún problema —le dije—. No me suspendieron ni nada de eso. Me fui porque quise... más o menos.

—Y, ¿puedo saber por qué quisiste?

—¿Por qué? Verá. Es una historia muy larga de contar. Y muy complicada.

No tenía ganas de explicarle lo que me había pasado. De todos modos no lo habría entendido. No encajaba con su mentalidad. Uno de los motivos principales por los que me fui de Elkton Hills fue porque aquel colegio estaba lleno de hipócritas. Eso es todo. Los había a patadas. El director, el señor Haas, era el tío más falso que he conocido en toda mi vida, diez veces peor que Thurmer. Los domingos, por ejemplo, se dedicaba a saludar a todos los padres que venían a visitar a. los chicos. Se derretía con todos menos con los que tenían una pinta un poco rara. Había que ver cómo trataba a los padres de mi compañero de cuarto. Vamos, que si una madre era gorda o cursi, o si un padre llevaba zapatos blancos y negros, o un traje de esos con muchas hombreras, Haas les daba la mano a toda prisa, les echaba una sonrisita de conejo, y se largaba a hablar por lo menos media hora con los padres de otro chico. No aguanto ese tipo de cosas. Me sacan de quicio. Me deprimen tanto que me pongo enfermo. Odiaba Elkton Hills.

Spencer me preguntó algo, pero no le oí porque estaba pensando en Haas.

—¿Qué? —le dije.

—¿No sientes remordimientos por tener que dejar Pencey?

—Claro que sí, claro que siento remordimientos. Pero muchos no. Por lo menos todavía. Creo que aún no lo he asimilado. Tardo mucho en asimilar las cosas. Por ahora sólo pienso en que me voy a casa el miércoles. Soy un tarado.

—¿No te preocupa en absoluto el futuro, muchacho?

—Claro que me preocupa. Naturalmente que me preocupa —medité unos momentos—. Pero no mucho supongo. Creo que mucho, no.

—Te preocupará —dijo Spencer—. Ya lo verás, muchacho. Te preocupará cuando sea demasiado tarde.

No me gustó oírle decir eso. Sonaba como si ya me hubiera muerto. De lo más deprimente.

—Supongo que sí —le dije.

—

—Me gustaría imbuir un poco de juicio en esa cabeza, muchacho. Estoy tratando de ayudarte. Quiero ayudarte si puedo.

Y era verdad. Se le notaba. Lo que pasaba es que estábamos en campos opuestos. Eso es todo.

—Ya lo sé, señor —le dije—. Muchas gracias. Se lo agradezco mucho. De verdad.

Me levanté de la cama. ¡Jo! ¡No hubiera aguantado allí ni diez minutos más aunque me hubiera ido la vida en ello!

—Lo malo es que tengo que irme. He de ir al gimnasio a recoger mis cosas. De verdad.

Me miró y empezó a mover de nuevo la cabeza con una expresión muy seria. De pronto me dio una pena terrible, pero no podía quedarme más rato por eso de que estábamos en campos opuestos, y porque fallaba cada vez que echaba una cosa sobre la cama, y porque llevaba esa bata tan triste que le dejaba al descubierto todo el pecho, y porque apestaba a Vicks Vaporub en toda la habitación.

—Verá, señor, no se preocupe por mí —le dije—. De verdad. Ya verá como todo se me arregla. Estoy pasando una mala racha. Todos tenemos nuestras malas rachas, ¿no?

—No sé, muchacho. No sé.

Me revienta que me contesten cosas así.

—Ya lo verá —le dije—. De verdad, señor. Por favor, no se preocupe por mí.

Le puse la mano en el hombro. —¿De acuerdo?— le dije.

—¿No quieres tomar una taza de chocolate? La señora Spencer...

—Me gustaría. Me gustaría mucho, pero tengo que irme. Tengo que pasar por el gimnasio. Gracias de todos modos. Muchas gracias.

Nos dimos la mano y todo eso. Sentí que me daba una pena terrible.

—Le escribiré, señor. Y que se mejore de la gripe.

—Adiós, muchacho.

Cuando ya había cerrado la puerta y volvía hacia el salón me gritó algo, pero no le oí muy bien. Creo que dijo «buena suerte». Ojalá me equivoque. Ojalá. Yo nunca le diré a nadie «buena suerte». Si lo piensa uno bien, suena horrible.

Capítulo 3

Soy el mentiroso más fantástico que puedan imaginarse. Es terrible. Si voy camino del quiosco a comprar una revista y alguien me pregunta que adonde voy, soy capaz de decirle que voy a la ópera. Es una cosa seria. Así que eso que le dije a Spencer de que tenía que ir a recoger mi equipo era pura mentira. Ni siquiera lo dejo en el gimnasio.

En Pencey vivía en el ala Ossenburger de la residencia nueva. Era para los chicos de los dos últimos cursos. Yo era del penúltimo y mi compañero de cuarto del último. Se llamaba así por un tal Ossenburger que había sido alumno de Pencey. Cuando salió del colegio ganó un montón de dinero con el negocio de pompas fúnebres. Abrió por todo el país miles de funerarias donde le entierran a uno a cualquier pariente por sólo cinco dólares. ¡Bueno es el tal Ossenburger! Probablemente los mete en un saco y los tira al río. Pero donó a Pencey un montón de pasta y le pusieron su nombre a esa ala de la residencia. Cuando se celebró el primer partido del año, vino al colegio en un enorme Cadillac y todos tuvimos que ponernos en pie en los graderíos y recibirle con una gran ovación. A la mañana siguiente nos echó un discurso en la capilla que duró unas diez horas. Empezó contando como cincuenta chistes, todos malísimos, sólo para demostrarnos lo campechanote que era. Menudo rollazo. Luego nos dijo que cuando tenía alguna dificultad, nunca se avergonzaba de ponerse de rodillas y rezar. Nos dijo que debíamos rezar siempre, vamos, hablar con Dios y todo eso, estuviéramos donde estuviésemos. Nos dijo que debíamos considerar a Dios como un amigo y que él le hablaba todo el tiempo, hasta cuando iba conduciendo.

¡Qué valor! Me lo imaginaba al muy hipócrita metiendo la primera y pidiendo a Dios que le mandara unos cuantos fiambres más. Pero hacia la mitad del discurso pasó algo muy divertido. Nos estaba contando lo fenomenal y lo importante que era, cuando de pronto un chico que estaba sentado delante de mí, Edgard Marsala, se tiró un pedo tremendo. Fue una grosería horrible, sobre todo porque estábamos en la capilla, pero la verdad es que tuvo muchísima gracia. ¡Qué tío el tal Marsala! No voló el techo de milagro. Casi nadie se atrevió a reírse en voz alta y Ossenburger hizo como si no se hubiera enterado de nada, pero el director, que estaba sentado a su lado, se quedó pálido al oírlo. ¡Jo! ¡No se puso furioso ni nada! En aquel momento se calló, pero en cuanto pudo nos reunió a todos en el paraninfo para una sesión de estudio obligatoria y vino a echarnos un discurso. Nos dijo que el responsable de lo que había ocurrido en la capilla no era digno de asistir a Pencey Tratamos de convencer a Marsala de que se tirara otro mientras Thurmer hablaba, pero se ve que no estaba en vena. Pero, como les decía, vivía en el ala Ossenburger de la residencia nueva.

—

Encontré mi habitación de lo más acogedora al volver de casa de Spencer porque todo el mundo estaba viendo el partido y porque, por una vez, habían encendido la calefacción. Daba gusto entrar. Me quité la chaqueta y la corbata, me desabroché el cuello de la camisa y me puse una gorra que me había comprado en Nueva York aquella misma mañana. Era una gorra de caza roja, de esas que tienen una visera muy grande. La vi en el escaparate de una tienda de deportes al salir del metro, justo después de perder los floretes, y me la compré. Me costó sólo un dólar. Así que me la puse y le di la vuelta para que la visera quedara por la parte de atrás. Una horterada, lo reconozco, pero me gustaba así. La verdad es que me sentaba la mar de bien. Luego cogí el libro que estaba leyendo y me senté en mi sillón. Había dos en cada habitación. Yo tenía el mío, y mi compañero de cuarto, Ward Stradlater, el suyo. Tenían los brazos hechos una pena porque todo el mundo se sentaba en ellos, pero eran bastante cómodos.

Estaba leyendo un libro que había sacado de la biblioteca por error. Se habían equivocado al dármelo y yo no me di cuenta hasta que estuve de vuelta en mi habitación. Era *Fuera de África,* de Isak Dinesen. Creí que sería un plomo, pero no. Estaba muy bien. Soy un completo analfabeto, pero leo muchísimo. Mi autor preferido es D.B. y luego Ring Lardner. Mi hermano me regaló un libro de Lardner el día de mi cumpleaños, poco antes de que saliera para Pencey. Tenía unas cuantas obras de teatro muy divertidas, completamente absurdas, y una historia de un guardia de la porra que se enamora de una chica muy mona a la que siempre está poniendo multas por pasarse del límite de velocidad. Sólo que el guardia no puede casarse con ella porque ya está casado. Luego la chica tiene un accidente y se mata. Es una historia estupenda. Lo que más me gusta de un libro es que te haga reír un poco de vez en cuando. Leo un montón de clásicos como *La vuelta del indígena* y no están mal, y leo también muchos libros de guerra y de misterio, pero no me vuelven loco. Los que de verdad me gustan son esos que cuando acabas de leerlos piensas que ojalá el autor fuera muy amigo tuyo para poder llamarle por teléfono cuando quisieras. No hay muchos libros de esos. Por ejemplo, no me importaría nada llamar a Isak Dinesen, ni tampoco a Ring Lardner, sólo que D.B. me ha dicho que ya ha muerto. Luego hay otro tipo de libros como *La condición humana,* de Somerset Maugham, por ejemplo. Lo leí el verano pasado. Es muy bueno, pero nunca se me ocurriría llamar a Somerset Maugham por teléfono. No sé, no me apetecería hablar con él. Preferiría llamar a Thomas Hardy. Esa protagonista suya, Eustacia Vye, me encanta.

—

Pero, volviendo a lo que les iba diciendo, me puse mi gorra nueva y me senté a leer *Fuera de África.* Ya lo había terminado, pero quería releer algunas partes. No habría leído más de tres páginas cuando oí salir a alguien de la ducha. No tuve necesidad de mirar para saber de quién se trataba. Era Robert Ackley, el tío de la habitación de al lado. En esa residencia había entre cada dos habitaciones una ducha que comunicaba directamente con ellas, y Ackley se colaba en mi cuarto unas ochenta y cinco veces al día. Era probablemente el único de todo el dormitorio, excluido yo, que no había ido al partido. Apenas iba a ningún sitio. Era un tipo muy raro. Estaba en el último curso y había estudiado ya cuatro años enteros en Pencey, pero todo el mundo seguía llamándole Ackley. Ni Herb Gale, su compañero de cuarto, le llamaba nunca Bob o Ack. Si alguna vez llega a casarse, estoy seguro de que su mujer le llamará también Ackley. Era un tío de esos muy altos (medía como seis pies y cuatro pulgadas), con los hombros un poco caídos y una dentadura horrenda. En todo el tiempo que fuimos vecinos de Habitación, no le vi lavarse los dientes ni una sola vez. Los tenía feísimos, como mohosos, y cuando se le veía en el comedor con la boca llena de puré de patata o de guisantes o algo así, daba gana de devolver. Además tenía un montón de granos, no sólo en la frente o en la barbilla como la mayoría de los chicos, sino por toda la cara. Para colmo tenía un carácter horrible. Era un tipo bastante atravesado. Vamos, que no me caía muy bien.

Le sentí en el borde de la ducha, justo detrás de mi sillón. Miraba a ver si estaba Stradlater. Le odiaba a muerte y nunca entraba en el cuarto si él andaba por allí. La verdad es que odiaba a muerte a casi todo el mundo.

Bajó del borde de la ducha y entró en mi habitación.

—Hola —dijo. Siempre lo decía como si estuviera muy aburrido o muy cansado. No quería que uno pensara que venía a hacerle una visita o algo así. Quería que uno creyera que venía por equivocación. Tenía gracia.

—Hola —le dije sin levantar la vista del libro. Con un tío como Ackley uno estaba perdido si levantaba la vista de lo que leía. La verdad es que estaba perdido de todos modos, pero si no se le miraba en seguida, al menos se retrasaba un poco la cosa.

Empezó a pasearse por el cuarto muy despacio como hacía siempre, tocando todo lo que había encima del escritorio y de la cómoda. Siempre te cogía las cosas más personales que tuvieras para fisgonearlas. ¡Jo! A veces le ponía a uno nervioso.

—¿Cómo fue el encuentro de esgrima? —me dijo. Quería obligarme a que dejara de leer y de estar a gusto. Lo de la esgrima le importaba un rábano—. ¿Ganamos o qué?

—No ganó nadie —le dije sin levantar la vista del libro.

—¿Qué? —dijo. Siempre le hacía a uno repetir las cosas.

—Que no ganó nadie.

Le miré de reojo para ver qué había cogido de mi cómoda. Estaba mirando la foto de una chica con la que solía salir yo en Nueva York, Sally Hayes. Debía haber visto ya esa fotografía como cinco mil veces. Y, para colmo, cuando la dejaba, nunca volvía a ponerla en su sitio. Lo hacía a propósito. Se le notaba.

—¿Que no ganó nadie? —dijo—. ¿Y cómo es eso?

—Me olvidé los floretes en el metro —contesté sin mirarle.

—¿En el metro? ¡No me digas! ¿Quieres decir que los perdiste?

—Nos metimos en la línea que no era. Tuve que ir mirando todo el tiempo un plano que había en la pared.

Se acercó y fue a instalarse donde me tapaba toda la luz.

—Oye —le dije—, desde que has entrado he leído la misma frase veinte veces.

Otro cualquiera hubiera pescado al vuelo la indirecta. Pero él no.

—¿Crees que te obligarán a pagarlos? —dijo.

—No lo sé y además no me importa. ¿Por qué no te sientas un poquito, Ackley, tesoro? Me estás tapando la luz.

—

No le gustaba que le llamara «tesoro». Siempre me estaba diciendo que yo era un crío porque tenía dieciséis y él dieciocho.

Siguió de pie. Era de esos tíos que le oyen a uno como quien oye llover. Al final hacía lo que le decías, pero bastaba que se lo dijeras para que tardara mucho más en hacerlo.

—¿Qué demonios estás leyendo? —dijo.

—Un libro.

Lo echó hacia atrás con la mano para ver el título.

—¿Es bueno? —dijo.

—Esta frase que estoy leyendo es formidable.

Cuando me pongo puedo ser bastante sarcástico, pero él ni se enteró. Empezó a pasearse otra vez por toda la habitación manoseando todas mis cosas y las de Stradlater. Al fin dejé el libro en el suelo. Con un tío como Ackley no había forma de leer. Era imposible.

Me repantigué todo lo que pude en el sillón y le miré pasearse por la habitación como Pedro por su casa. Estaba cansado del viaje a Nueva York y empecé a bostezar. Luego me puse a hacer el ganso. A veces me da por ahí para no aburrirme. Me corrí la visera hacia delante y me la eché sobre los ojos. No veía nada.

—Creo que me estoy quedando ciego —dije con una voz muy ronca—. Mamita, ¿por qué está tan oscuro aquí?

—Estás como una cabra, te lo aseguro —dijo Ackley.

—Mami, dame la mano. ¿Por qué no me das la mano?

—¡Mira que eres pesado! ¿Cuándo vas a crecer de una vez?

Empecé a tantear el aire con las manos como un ciego, pero sin levantarme del sillón y sin dejar de decir:

—Mamita, ¿por qué no me das la mano?

Estaba haciendo el indio, claro. A veces lo paso bárbaro con eso. Además sabía que a Ackley le sacaba de quicio. Tiene la particularidad de despertar en mí todo el sadismo que llevo dentro y con él me ponía sádico muchas veces. Al final me cansé. Me eché otra vez hacia atrás la visera y dejé de hacer el payaso.

—¿De quién es esto? —dijo Ackley. Había cogido la venda de la rodilla de Stradlater para enseñármela. Ese Ackley tenía que sobarlo todo. Por tocar era capaz hasta de coger un slip o cualquier cosa así. Cuando le dije que era de Stradlater la tiró sobre la cama. Como la había cogido del suelo, tuvo que dejarla sobre la cama.

Se acercó y se sentó en el brazo del sillón de Stradlater. Nunca se sentaba en el asiento, siempre en los brazos.

—¿Dónde te has comprado esa gorra?

—En Nueva York.

—¿Cuánto?

—Un dólar.

—Te han timado.

Empezó a limpiarse las uñas con una cerilla. Siempre estaba haciendo lo mismo. En cierto modo tenía gracia. Llevaba los dientes todos mohosos y las orejas más negras que un demonio, pero en cambio se pasaba el día entero limpiándose las uñas. Supongo que con eso se consideraba un tío aseadísimo. Mientras se las limpiaba echó un vistazo a mi gorra.

—Allá en el Norte llevamos gorras de esas para cazar ciervos —dijo—. Esa es una gorra para la caza del ciervo.

—Que te lo has creído —me la quité y la miré con un ojo medio guiñado, como si estuviera afinando la puntería—. Es una gorra para cazar gente —le dije—. Yo me la pongo para matar gente.

—¿Saben ya tus padres que te han echado?

—No.

—Bueno, ¿y dónde demonios está Stradlater?

—En el partido. Ha ido con una chica.

Bostecé. No podía parar de bostezar, creo que porque en aquella habitación hacía un calor horroroso y eso da mucho sueño. En Pencey una de dos, o te helabas o te achicharrabas.

—¡El gran Stradlater! —dijo Ackley—. Oye, déjame tus tijeras un segundo, ¿quieres? ¿Las tienes a mano?

—

—No. Las he metido ya en la maleta. Están en lo más alto del armario.

—Déjamelas un segundo, ¿quieres? —dijo Ackley—. Quiero cortarme un padrastro.

Le tenía sin cuidado que uno las tuviera en la maleta y en lo más alto del armario. Fui a dárselas y al hacerlo por poco me mato. En el momento en que abrí la puerta del armario se me cayó en plena cabeza la raqueta de tenis de Stradlater con su prensa y todo. Sonó un golpe seco y además me hizo un daño horroroso. Pero a Ackley le hizo una gracia horrorosa y empezó a reírse como un loco, con esa risa de falsete que sacaba a veces. No paró de reírse todo el tiempo que tardé en bajar la maleta y sacar las tijeras. Ese tipo de cosas como que a un tío le pegaran una pedrada en la cabeza, le hacían desternillarse de risa.

—Tienes un sentido del humor finísimo, Ackley, tesoro —le dije—. ¿Lo sabías? —le di las tijeras—. Si me dejaras ser tu agente, te metería de locutor en la radio.

Volví a sentarme en el sillón y él empezó a cortarse esas uñas enormes que tenía, duras como garras.

—¿Y si lo hicieras encima de la mesa? —le dije—. Córtatelas sobre la mesa, ¿quieres? No tengo ganas de clavármelas esta noche cuando ande por ahí descalzo.

Pero él siguió dejándolas caer al suelo. ¡Vaya modales que tenía el tío! Era un caso.

—¿Con quién ha salido Stradlater? —dijo. Aunque le odiaba a muerte siempre estaba llevándole la cuenta de con quién salía y con quién no.

—No lo sé. ¿Por qué?

—Por nada. ¡Jo! No aguanto a ese cabrón. Es que no le trago.

—Pues él en cambio te adora. Me ha dicho que eres un encanto.

Cuando me da por hacer el indio, llamo «encanto» a todo el mundo. Lo hago por no aburrirme.

—Siempre con esos aires de superioridad... —dijo Ackley—. No le soporto. Cualquiera diría...

—¿Te importaría cortarte las uñas encima de la mesa, oye? Te lo he dicho ya como cincuenta...

—Y siempre dándoselas de listo —siguió Ackley—. Yo creo que ni siquiera es inteligente. Pero él se lo tiene creído. Se cree el tío más listo de...

—¡Ackley! ¡Por Dios vivo! ¿Quieres cortarte las uñas encima de la mesa? Te lo he dicho ya como cincuenta veces.

Por fin me hizo caso. La única forma de que hiciera lo que uno le decía era gritarle.

Me quedé mirándole un rato. Luego le dije:

—Estás furioso con Stradlater porque te dijo que deberías lavarte los dientes de vez en cuando. Pero si quieres saber la verdad, no lo hizo por afán de molestarte. Puede que no lo dijera de muy buenos modos, pero no quiso ofenderte. Lo que quiso decir es que estarías mejor y te sentirías mejor si te lavaras los dientes alguna vez.

—Ya me los lavo. No me vengas con esas.

—No es verdad. Te he visto y sé que no es cierto —le dije, pero sin mala intención. En cierto modo me daba lástima. No debe ser nada agradable que le digan a uno que no se lava los dientes—. Stradlater es un tío muy decente. No es mala persona. Lo que pasa es que no le conoces.

—Te digo que es un cabrón. Un cabrón y un creído.

—Creído sí, pero en muchas cosas es muy generoso. De verdad —le dije—. Mira, supongamos que Stradlater lleva una corbata que a ti te gusta. Supón que lleva una corbata que te gusta muchísimo, es sólo un ejemplo. ¿Sabes lo que haría? Pues probablemente se la quitaría y te la regalaría. De verdad. O si no, ¿sabes qué? Te la dejaría encima de tu cama, pero el caso es que te la daría. No hay muchos tíos que...

—¡Qué gracia! —dijo Ackley—. Yo también lo haría si tuviera la pasta que tiene él.

—No, tú no lo harías. Tú no lo harías, Ackley, tesoro. Si tuvieras tanto dinero como él, serías el tío más...

—¡Deja ya de llamarme «tesoro»! ¡Maldita sea! Con la edad que tengo podría ser tu padre.

—

—No, no es verdad —le dije. ¡Jo! ¡Qué pesado se ponía a veces! No perdía oportunidad de recordarme que él tenía dieciocho años y yo dieciséis—. Para empezar, no te admitiría en mi familia.

—Lo que quiero es que dejes de llamarme...

De pronto se abrió la puerta y entró Stradlater con muchas prisas. Siempre iba corriendo y a todo le daba una importancia tremenda. Se acercó en plan gracioso y me dio un par de cachetes en las mejillas, que es una cosa que puede resultar molestísima.

—Oye —me dijo—, ¿vas a algún sitio especial esta noche?

—No lo sé. Quizá. ¿Qué pasa fuera? ¿Está nevando? —Llevaba el abrigo cubierto de nieve.

—Sí. Oye, si no vas a hacer nada especial, ¿me prestas tu chaqueta de pata de gallo?

—¿Quién ha ganado el partido?

—Aún no ha terminado. Nosotros nos vamos —dijo Stradlater—. Venga, en serio, ¿vas a llevar la chaqueta de pata de gallo, o no? Me he puesto el traje de franela gris perdido de manchas.

—No, pero no quiero que me la des toda de sí con esos hombros que tienes —le dije. Éramos casi de la misma altura, pero él pesaba el doble que yo. Tenía unos hombros anchísimos.

—Te prometo que no te la daré de sí.

Se acercó al armario a todo correr.

—¿Cómo va esa vida? —le dijo a Ackley. Stradlater era un tío bastante simpático. Tenía una simpatía un poco falsa, pero al menos era capaz de saludar a Ackley.

Cuando éste oyó lo de «¿Cómo va esa vida?» soltó un gruñido. No quería contestarle, pero tampoco tenía suficientes agallas como para no darse por enterado. Luego me dijo: —Me voy. Te veré luego.

—Bueno —le contesté. La verdad es que no se le partía a uno el corazón al verle salir por la puerta.

Stradlater empezó a quitarse la chaqueta y la corbata.

—Creo que voy a darme un afeitado rápido —dijo. Tenía una barba muy cerrada, de verdad.

—¿Dónde has dejado a la chica con que salías hoy? —le pregunté.

—Me está esperando en el anejo.

Salió de la habitación con el neceser y la toalla debajo del brazo. No llevaba camisa ni nada. Siempre iba con el pecho al aire porque se creía que tenía un físico estupendo. Y lo tenía. Eso hay que reconocerlo.

—

Capítulo 4

Como no tenía nada que hacer me fui a los lavabos con él y, para matar el tiempo, me puse a darle conversación mientras se afeitaba. Estábamos solos porque todos los demás seguían en el campo de fútbol. El calor era infernal y los cristales de las ventanas estaban cubiertos de vaho. Había como diez lavabos, todos en fila contra la pared. Stradlater se había instalado en el de en medio y yo me senté en el de al lado y me puse a abrir y cerrar el grifo del agua fría, un tic nervioso que tengo. Stradlater se puso a silbar *Song of India* mientras se afeitaba. Tenía un silbido de esos que le atraviesan a uno el tímpano. Desafinaba muchísimo y, para colmo, siempre elegía canciones como *Song of India* o *Slaughter on Tentb Avenue* que ya son difíciles de por sí hasta para los que saben silbar. El tío era capaz de asesinar lo que le echaran.

¿Se acuerdan de que les dije que Ackley era un marrano en eso del aseo personal? Pues Stradlater también lo era, pero de un modo distinto. El era un marrano en secreto. Parecía limpio, pero había que ver, por ejemplo, la maquinilla con que se afeitaba. Estaba toda oxidada y llena de espuma, de pelos y de porquería. Nunca la limpiaba. Cuando acababa de arreglarse daba el pego, pero los que le conocíamos bien sabíamos que ocultamente era un guarro. Si se cuidaba tanto de su aspecto era porque estaba locamente enamorado de sí mismo. Se creía el tío más maravilloso del hemisferio occidental. La verdad es que era guapo, eso tengo que reconocerlo, pero era un guapo de esos que cuando tus padres lo ven en el catálogo del colegio en seguida preguntan: —¿Quién es ese chico?— Vamos, que era el tipo de guapo de calendario. En Pencey había un montón de tíos que a mí me parecían mucho más guapos que él, pero que luego, cuando los veías en fotografía, siempre parecía que tenían orejas de soplillo o una nariz enorme. Eso me ha pasado un montón de veces.

Pero, como decía, me senté en el lavabo y me puse a abrir y cerrar el grifo. Todavía llevaba puesta la gorra de caza roja con la visera echada para atrás y todo. Me chiflaba aquella gorra.

—Oye —dijo Stradlater—, ¿quieres hacerme un gran favor?

—¿Cuál? —le dije sin excesivo entusiasmo. Siempre estaba pidiendo favores a todo el mundo. Todos esos tíos que se creen muy guapos o muy importantes son iguales. Como se consideran el no va más, piensan que todos les admiramos muchísimo y que nos morimos por hacer algo por ellos. En cierto modo tiene gracia.

—¿Sales esta noche? —me dijo.

—Puede. No lo sé. ¿Por qué?

—Tengo que leer unas cien páginas del libro de historia para el lunes —dijo—. ¿Podrías escribirme una composición para la clase de lengua? Si no la presento el lunes, me la cargo. Por eso te lo digo. ¿Me la haces?

La cosa tenía gracia, de verdad.

—Resulta que a quien echan es a mí y encima tengo que escribirte una composición.

—Ya lo sé. Pero es que si no la entrego, me las voy a ver moradas. Échame una mano, anda. Échame una manita, ¿eh?

Tardé un poco en contestarle. A ese tipo de cabrones les conviene un poco de suspense.

—¿Sobre qué? —le dije.

—Lo mismo da con tal de que sea descripción. Sobre una habitación, o una casa, o un pueblo donde hayas vivido. No importa. El caso es que describas como loco.

Mientras lo decía soltó un bostezo tremendo. Eso sí que me saca de quicio. Que encima que te están pidiendo un favor, bostecen.

—Pero no la hagas demasiado bien —dijo—. Ese hijoputa de Hartzell te considera un genio en composición y sabe que somos compañeros de cuarto. Así que ya sabes, no pongas todos los puntos y comas en su sitio.

—

Otra cosa que me pone negro. Que se te dé bien escribir y que te salga un tío hablando de puntos y comas. Y Stradlater lo hacía siempre. Lo que pasaba es que quería que uno creyera que si escribía unas composiciones horribles era porque no sabía dónde poner las comas. En eso se parecía un poco a Ackley. Una vez fui con él a un partido de baloncesto. Teníamos en el equipo a un tío fenomenal, Howie Coyle, que era capaz de encestar desde el centro del campo y sin que la pelota tocara la madera siquiera. Pues Ackley se pasó todo el tiempo diciendo que Coyle tenía una constitución perfecta para el baloncesto. ¡Jo! ¡Cómo me fastidian esas cosas!

Al rato de estar sentado empecé a aburrirme. Me levanté, me alejé unos pasos y me puse a bailar claquet para pasar el rato. Lo hacía sólo por divertirme un poco. No tengo ni idea de claquet, pero en los lavabos había un suelo de piedra que ni pintado para eso, así que me puse a imitar a uno de esos que salen en las películas musicales. Odio el cine con verdadera pasión, pero me encanta imitar a los artistas. Stradlater me miraba a través del espejo mientras se afeitaba y yo lo único que necesito es público. Soy un exhibicionista nato.

—Soy el hijo del gobernador —le dije mientras zapateaba como un loco por todo el cuarto—. Mi padre no / quiere que me dedique a bailar. Quiere que vaya a Oxford. Pero yo llevo el baile en la sangre.

Stradlater se rió. Tenía un sentido del humor bastante pasable.

—Es la noche del estreno de la Revista Ziegfeld —me estaba quedando casi sin aliento. No podía ni respirar—. El primer bailarín no puede salir a escena. Tiene una curda monumental. ¿A quién llaman para reemplazarle? A mí. Al hijo del gobernador.

—¿De dónde has sacado eso? —dijo Stradlater. Se refería a mi gorra de caza. Hasta entonces no se había dado cuenta de que la llevaba.

Como ya no podía respirar, decidí dejar de hacer el indio. Me quité la gorra y la miré por milésima vez.

—Me la he comprado esta mañana en Nueva York por un dólar. ¿Te gusta?

Stradlater afirmó con la cabeza.

—Está muy bien.

Lo dijo sólo por darme coba porque a renglón seguido me preguntó: —¿Vas a hacerme esa composición o no? Tengo que saberlo.

—Si me sobra tiempo te la haré. Si no, no.

Me acerqué y volví a sentarme en el lavabo.

—¿Con quién sales hoy? ¿Con la Fitzgerald?

—¡No fastidies! Ya te he dicho que he roto con esa cerda.

—¿Ah, sí? Pues pásamela, hombre. En serio. Es mi tipo.

—Puedes quedártela, pero es muy mayor para ti.

De pronto y sin ningún motivo, excepto que tenía ganas de hacer el ganso, se me ocurrió saltar del lavabo y hacerle a Stradlater un medio-nelson, una llave de lucha libre que consiste en *agarrar* al otro tío por el cuello con un brazo y apretar hasta asfixiarle si te da la gana. Así que lo hice. Me lancé sobre él como una pantera.

—¡No jorobes, Holden! —dijo Stradlater. No tenía ganas de bromas porque estaba afeitándose—. ¿Quieres que me corte la cabeza, o qué?

Pero no le solté. Le tenía bien agarrado.

—¿A que no te libras de mi brazo de hierro? —le dije.

—¡Mira que eres pesado!

Dejó la máquina de afeitar. De pronto levantó los brazos y me obligó a soltarle. Tenía muchísima fuerza y yo soy la mar de débil.

—¡A ver si dejas ya de jorobar! —dijo.

Empezó a afeitarse otra vez. Siempre lo hacía dos veces para estar guapísimo. Y con la misma cuchilla asquerosa.

—Y si no has salido con la Fitzgerald, ¿con quién entonces? —le pregunté. Había vuelto a sentarme en el lavabo—. ¿Con Phyllis Smith?

—No, iba a salir con ella, pero se complicaron las cosas. Ha venido la compañera de cuarto de Bud Thaw. ¡Ah! ¡Se me olvidaba! Te conoce.

—

—¿Quién? —pregunté.

—Esa chica.

—¿Sí? —le dije—. ¿Cómo se llama?

Aquello me interesaba muchísimo.

—Espera. ¡Ah, sí! Jean Gallaher.

¡Atiza! Cuando lo oí por poco me desmayo.

—¡Jane Gallaher! —le dije. Hasta me levanté del lavabo. No me morí de milagro—. ¡Claro que la conozco! Vivía muy cerca de la casa donde pasamos el verano el año antepasado. Tenía un Dobberman Pinscher. Por eso la conocí. El perro venía todo el tiempo a nuestra...

—Me estás tapando la luz, Holden —dijo Stradlater—. ¿Tienes que ponerte precisamente ahí?

¡Jo! ¡Qué nervioso me había puesto! De verdad.

—¿Dónde está? —le pregunté—. Debería bajar a decirle hola. ¿Está en el anejo?

—Sí.

—¿Cómo es que habéis hablado de mí? ¿Va a B. M. ahora? Me dijo que iba a ir o allí o a Shipley. Creí que al final había decidido ir a Shipley. Pero, ¿cómo es que habéis hablado de mí?

Estaba excitadísimo, de verdad.

—No lo sé. Levántate, ¿quieres? Te has sentado encima de mi toalla —me había sentado en su toalla.

¡Jane Gallaher! ¡No podía creerlo! ¡Quién lo iba a decir! Stradlater se estaba poniendo Vitalis en el pelo. *Mi* Vitalis.

—Sabe bailar muy bien —le dije—. Baila ballet. Practicaba siempre dos horas al día aunque hiciera un calor horroroso. Tenía mucho miedo de que se le estropearan las piernas con eso, vamos, de que se le pusieran gordas. Jugábamos a las damas todo el tiempo.

—¿A qué?

—A las damas.

—¿A las damas? ¡No fastidies!

—Sí. Ella nunca las movía. Cuando tenía una dama nunca la movía. La dejaba en la fila de atrás. Le gustaba verlas así, todas alineadas. No las movía.

Stradlater no dijo nada. Esas cosas nunca le interesan a casi nadie.

—Su madre era socia del mismo club que nosotros. Yo recogía las pelotas de vez en cuando para ganarme unas perras. Un par de veces me tocó con ella. No le daba a la bola ni por casualidad.

Stradlater ni siquiera me escuchaba. Se estaba peinando sus maravillosos bucles.

—Voy a bajar a decirle hola.

—Anda sí, ve.

—Bajaré dentro de un momento.

Volvió a hacerse la raya. Tardaba en peinarse como media hora.

—Sus padres estaban divorciados y su madre se había casado por segunda vez con un tío que bebía de lo lindo. Un hombre muy flaco con unas piernas todas peludas. Me acuerdo estupendamente. Llevaba shorts todo el tiempo. Jane me dijo que escribía para el teatro o algo así, pero yo siempre le veía bebiendo y escuchando todos los programas de misterio que daban por la radio. Y se paseaba en pelota por toda la casa. Delante de Jane y todo.

—¿Sí? —dijo Stradlater. Aquello sí que le interesó. Lo del borracho que se paseaba desnudo por delante de Jane. Todo lo que tuviera que ver con el sexo, le encantaba al muy hijoputa.

—Ha tenido una infancia terrible. De verdad.

Pero eso a Stradlater ya no le interesaba. Lo que le gustaba era lo otro.

—¡Jane Gallaher! ¡Qué gracia! —no podía dejar de pensar en ella.

—Tengo que bajar a saludarla.

—¿Por qué no vas de una vez en vez de dar tanto la lata? —dijo Stradlater.

Me acerqué a la ventana pero no pude ver nada porque estaba toda empañada.

—

—En este momento no tengo ganas —le dije. Y era verdad. Hay que estar en vena para esas cosas—. Creí que estudiaba en Shipley. Lo hubiera jurado.

Me paseé un rato por los lavabos. No tenía otra cosa que hacer.

—¿Le ha gustado el partido? —dije.

—Sí. Supongo que sí. No lo sé.

—¿Te ha dicho que jugábamos a las damas todo el tiempo?

—Yo qué sé. ¡Y no jorobes más, por Dios! Sólo acabo de conocerla.

Había terminado de peinarse su hermosa mata de pelo y estaba guardando todas sus marranadas en el neceser.

—Oye, dale recuerdos míos, ¿quieres?

—Bueno —dijo Stradlater, pero me quedé convencido de que no lo haría. Esos tíos nunca dan recuerdos a nadie. Se fue, y yo aún seguí un rato en los lavabos pensando en Jane. Luego volví también a la habitación.

—Oye —le dije—, no le digas que me han echado, ¿eh?

—Bueno.

Eso era lo que me gustaba de Stradlater. Nunca tenía uno que darle cientos de explicaciones como había que hacer con Ackley. Supongo que en el fondo era porque no le importaba un pito. Se puso mi chaqueta de pata de gallo.

—No me la estires por todas partes —le dije. Sólo me la había puesto dos veces.

—No. ¿Dónde habré dejado mis cigarrillos?

—Están en el escritorio— le dije. Nunca se acordaba de dónde ponía nada—. Debajo de la bufanda.

Los cogió y se los metió en el bolsillo de la chaqueta. De mi chaqueta.

Me puse la visera de la gorra hacia delante para variar. De repente me entraron unos nervios horrorosos. Soy un tipo muy nervioso.

—Oye, ¿adonde vais a ir? ¿Lo sabes ya? —le pregunté.

—No. Si nos da tiempo iremos a Nueva York. Pero no creo. No ha pedido permiso más que hasta las nueve y media.

No me gustó el tono en que lo dijo y le contesté:

—Será porque no sabía lo guapo y lo fascinante que eres. Si lo hubiera sabido habría pedido permiso hasta las nueve y media de la mañana.

—Desde luego — dijo Stradlater. No había forma de hacerle enfadar. Se lo tenía demasiado creído.

—Ahora en serio. Escríbeme esa composición —dijo.

Se había puesto el abrigo y estaba a punto de salir.

—No hace falta que te mates. Pero eso sí, ya sabes, que sea de muchísima descripción, ¿eh?

No le contesté. No tenía ganas. Sólo le dije:

—Pregúntale si sigue dejando todas las damas en la línea de atrás.

—Bueno —dijo Stradlater, pero estaba seguro de que no se lo iba a preguntar.

—¡Que te diviertas! —dijo. Y luego salió dando un portazo.

Cuando se fue, me quedé sentado en el sillón como media hora. Quiero decir sólo sentado, sin hacer nada más, excepto pensar en Jane y en que había salido con Stradlater. Me puse tan nervioso que por poco me vuelvo loco. Ya les he dicho lo obsesionado que estaba Stradlater con eso del sexo.

De pronto Ackley se coló en mi habitación a través de la ducha, como hacía siempre. Por una vez me alegré de verle. Así dejaba de pensar en otras cosas. Se quedó allí hasta la hora de cenar hablando de todos los tíos de Pencey a quienes odiaba a muerte y reventándose un grano muy gordo que tenía en la barbilla. Ni siquiera sacó el pañuelo para hacerlo. Yo creo que el muy cabrón ni siquiera tenía pañuelos. Yo nunca le vi ninguno.

Capítulo 5

Los sábados por la noche siempre cenábamos lo mismo en Pencey. Lo consideraban una gran cosa porque nos daban un filete. Apostaría la cabeza a que lo hacían porque como el domingo era día de visita, Thurmer pensaba que todas las madres preguntarían a sus hijos qué habían cenado la noche anterior y el niño contestaría: «Un filete.» ¡Menudo timo! Había que ver el tal filete. Un pedazo de suela seca y dura que no había por dónde meterle mano. Para acompañarlo, nos daban un puré de patata lleno de grumos y, de postre, un bizcocho negruzco que sólo se comían los de la elemental, que a los pobres lo mismo les daba, y tipos como Ackley que se zampaban lo que les echaran.

Pero cuando salimos del comedor tengo que reconocer que fue muy bonito. Habían caído como tres pulgadas de nieve y seguía nevando a manta. Estaba todo precioso. Empezamos a tirarnos bolas unos a otros y a hacer el indio como locos. Fue un poco cosa de críos, pero nos divertimos muchísimo.

Como no tenía plan con ninguna chica, yo y un amigo mío, un tal Mal Brossard que estaba en el equipo de lucha libre, decidimos irnos en autobús a Agerstown a comer una hamburguesa y ver alguna porquería de película. Ninguno de los dos tenía ninguna gana de pasarse la noche mano sobre mano. Le pregunté a Mal si le importaba que viniera Ackley con nosotros. Se me ocurrió decírselo porque Ackley nunca hacía nada los sábados por la noche.

Se quedaba en su habitación a reventarse granos. Mal dijo que no le importaba, pero que tampoco le volvía loco la idea. La verdad es que Ackley no le caía muy bien. Nos fuimos a nuestras respectivas habitaciones a arreglarnos un poco y mientras me ponía los chanclos le grité a Ackley que si quería venirse al cine con nosotros. Me oyó perfectamente a través de las cortinas de la ducha, pero no dijo nada. Era de esos tíos que tardan una hora en contestar. Al final vino y me preguntó con quién iba. Les juro que si un día naufragara y fueran a rescatarle en una barca, antes de dejarse salvar preguntaría quién iba remando. Le dije que iba con Mal Brossard.

—Ese cabrón... Bueno. Espera un segundo.

Cualquiera diría que le estaba haciendo a uno un favor. Tardó en arreglarse como cinco horas. Mientras esperaba me fui a la ventana, la abrí e hice una bola de nieve directamente con las manos, sin guantes ni nada. La nieve estaba perfecta para hacer bolas. Iba a tirarla a un coche que había aparcado al otro lado de la calle, pero al final me arrepentí. Daba pena con lo blanco y limpio que estaba. Luego pensé en tirarla a una boca de agua de esas que usan los bomberos, pero también estaba muy bonita tan nevada. Al final no la tiré. Cerré la ventana y me puse a pasear por la habitación apelmazando la bola entre las manos. Todavía la llevaba cuando subimos al autobús. El conductor abrió la puerta y me obligó a tirarla. Le dije que no pensaba echársela a nadie, pero no me creyó. La gente nunca se cree nada.

Brossard y Ackley habían visto ya la película que ponían aquella noche, así que nos comimos un par de hamburguesas, jugamos un poco a la máquina de las bolitas, y volvimos a Pencey en el autobús. No me importó nada no ir al cine. Ponían una comedia de Cary Grant, de esas que son un rollazo. Además no me gustaba ir al cine con Brossard ni con Ackley. Los dos se reían como hienas de cosas que no tenían ninguna gracia. No había quien lo aguantara.

—

Cuando volvimos al colegio eran las nueve menos cuarto. Brossard era un maniático del bridge y empezó a buscar a alguien con quien jugar por toda la residencia. Ackley, para variar, aparcó en mi habitación, sólo que esta vez en lugar de sentarse en el sillón de Stradlater se tiró en mi cama y el muy marrano hundió la cara en mi almohada. Luego empezó a hablar con una voz de lo más monótona y a reventarse todos sus granos. Le eché con mil indirectas, pero el tío no se largaba. Siguió, dale que te pego, hablando de esa chica con la que decía que se había acostado durante el verano. Me lo había contado ya cien veces, y cada vez de un modo distinto. Una te decía que se la había tirado en el Buick de su primo, y a la siguiente que en un muelle. Naturalmente todo era puro cuento. Era el tío más virgen que he conocido. Hasta dudo que hubiera metido mano a ninguna. Al final le dije por las buenas que tenía que escribir una composición para Stradlater y que a ver si se iba para que pudiera concentrarme un poco. Por fin se largó, pero al cabo de remolonear horas y horas. Cuando se fue me puse el pijama, la bata y la gorra de caza y me senté a escribir la composición.

Lo malo es que no podía acordarme de ninguna habitación ni de ninguna casa como me había dicho Stradlater. Pero como de todas formas no me gusta escribir sobre cuartos ni edificios ni nada de eso, lo que hice fue describir el guante de béisbol de mi hermano Allie, que era un tema estupendo para una redacción. De verdad. Era un guante para la mano izquierda porque mi hermano era zurdo. Lo bonito es que tenía poemas escritos en tinta verde en los dedos y por todas partes. Allie los escribió para tener algo que leer cuando estaba en el campo esperando. Ahora Allie está muerto. Murió de leucemia el 18 de julio de 1946 mientras pasábamos el verano en Maine. Les hubiera gustado conocerle. Tenía dos años menos que yo y era cincuenta veces más inteligente. Era enormemente inteligente. Sus profesores escribían continuamente a mi madre para decirle que era un placer tener en su clase a un niño como mi hermano. Y no lo decían porque sí. Lo decían de verdad. Pero no era sólo el más listo de la familia. Era también el mejor en muchos otros aspectos. Nunca se enfadaba con nadie. Dicen que los pelirrojos tienen mal genio, pero Allie era una excepción, y eso que tenía el pelo más rojo que nadie. Les contaré un caso para que se hagan una idea. Empecé a jugar al golf cuando tenía sólo diez años. Recuerdo una vez, el verano en que cumplí los doce años, que estaba jugando y de repente tuve el presentimiento de que si me volvía vería a Allie. Me volví y allí estaba mi hermano, montado en su bicicleta, al otro lado de la cerca que rodeaba el campo de golf. Estaba nada menos que a unas ciento cincuenta yardas de distancia, pero le vi claramente. Tan rojo tenía el pelo. ¡Dios, qué buen chico era! A veces en la mesa se ponía a pensar en alguna cosa y se reía tanto que poco le faltaba para caerse de la silla. Cuando murió tenía sólo trece años y pensaron en llevarme a un siquiatra y todo porque hice añicos todas las ventanas del garaje. Comprendo que se asustaran. De verdad. La noche que murió dormí en el garaje y rompí todos los cristales con el puño sólo de la rabia que me dio. Hasta quise romper las ventanillas del coche que teníamos aquel verano, pero me había roto la mano y no pude

—

hacerlo. Pensarán que fue una estupidez pero es que no me daba cuenta de lo que hacía y además ustedes no conocían a Allie. Todavía me duele la mano algunas veces cuando llueve y no puedo cerrar muy bien el puño, pero no me importa mucho porque no pienso dedicarme a cirujano, ni a violinista, ni a ninguna de esas cosas.

Pero, como les decía, escribí la redacción sobre el guante de béisbol de Allie. Daba la casualidad de que lo tenía en la maleta así que copié directamente los poemas que tenía escritos. Sólo que cambié el nombre de Allie para que nadie se diera cuenta de que era mi hermano y pensaran que era el de Stradlater. No me gustó mucho usar el guante para una composición, pero no se me ocurría otra cosa. Además, como tema me gustaba. Tardé como una hora porque tuve que utilizar la máquina de escribir de Stradlater, que se atascaba continuamente. La mía se la había prestado a un tío del mismo pasillo.

Cuando acabé eran como las diez y media. Como no estaba cansado, me puse a mirar por la ventana. Había dejado de nevar, pero de vez en cuando se oía el motor de un coche que no acababa de arrancar. También se oía roncar a Ackley. Los ronquidos pasaban a través de las cortinas de la ducha. Tenía sinusitis y no podía respirar muy bien cuando dormía. Lo que es el tío tenía de todo: sinusitis, granos, una dentadura horrible, halitosis y unas uñas espantosas. El muy cabrón daba hasta un poco de lástima.

Capítulo 6

Hay cosas que cuesta un poco recordarlas. Estoy pensando en cuando Stradlater volvió aquella noche después de salir con Jane. Quiero decir que no sé qué estaba haciendo yo exactamente cuando oí sus pasos acercarse por el pasillo. Probablemente seguía mirando por la ventana, pero la verdad es que no me acuerdo. Quizá porque estaba muy preocupado, y cuando me preocupo mucho me pongo tan mal que hasta me dan ganas de ir al baño. Sólo que no voy porque no puedo dejar de preocuparme para ir. Si ustedes hubieran conocido a Stradlater les habría pasado lo mismo. He salido con él en plan de parejas un par de veces, y sé perfectamente por qué lo digo. No tenía el menor escrúpulo. De verdad.

El pasillo tenía piso de linóleum y se oían perfectamente las pisadas acercándose a la habitación. Ni siquiera sé dónde estaba sentado cuando entró, si en la repisa de la ventana, en mi sillón, o en el suyo. Les juro que no me acuerdo.

Entró quejándose del frío que hacía. Luego dijo:

—¿Dónde se ha metido todo el mundo? Esto parece el depósito de cadáveres.

Ni me molesté en contestarle. Si era tan imbécil que no se daba cuenta de que todos estaban durmiendo o pasando el fin de semana en casa, no iba a molestarme yo en explicárselo. Empezó a desnudarse. No dijo nada de Jane. Ni una palabra. Yo sólo le miraba. Todo lo que hizo fue darme las gracias por haberle prestado la chaqueta de pata de gallo. La colgó en una percha y la metió en el armario.

Luego, mientras se quitaba la corbata, me preguntó si había escrito la redacción. Le dije que la tenía encima de la cama. La cogió y se puso a leerla mientras se desabrochaba la camisa. Ahí se quedó, leyéndola, mientras se acariciaba el pecho y el estómago con una expresión de estupidez supina en la cara. Siempre estaba acariciándose el pecho y la cara. Se quería con locura, el tío. De pronto dijo:

—

—Pero, ¿a quién se le ocurre, Holden? ¡Has escrito sobre un guante de béisbol!

—¿Y qué? —le contesté más frío que un témpano.

—¿Cómo que y qué? Te dije que describieras un cuarto o algo así.

—Dijiste que no importaba con tal que fuera descripción. ¿Qué más da que sea sobre un guante de béisbol?

—¡Maldita sea! —estaba negro el tío. Furiosísimo—. Todo tienes que hacerlo al revés —me miró—. No me extraña que te echen de aquí. Nunca haces nada a derechas. Nada.

—Muy bien. Entonces devuélvemela —le dije. Se la arranqué de la mano y la rompí.

—¿Por qué has hecho eso? —dijo.

Ni siquiera le contesté. Eché los trozos de papel a la papelera, y luego me tumbé en la cama. Los dos guardamos silencio un buen rato. El se desnudó hasta quedarse en calzoncillos y yo encendí un cigarrillo. Estaba prohibido fumar en la residencia, pero a veces lo hacíamos cuando todos estaban dormidos o en sus casas y nadie podía oler el humo. Además lo hice a propósito para molestar a Stradlater. Le sacaba de quicio que alguien hiciera algo contra el reglamento. El jamás fumaba en la habitación. Sólo yo.

Seguía sin decir una palabra sobre Jane, así que al final le pregunté:

—¿Cómo es que vuelves a esta hora si ella sólo había pedido permiso hasta las nueve y media? ¿La hiciste llegar tarde?

Estaba sentado al borde de su cama cortándose las uñas de los pies.

—Sólo un par de minutos —dijo—. ¿A quién se le ocurre pedir permiso hasta esa hora un sábado por la noche?

¡Dios mío! ¡Cómo le odiaba!

—¿Fuisteis a Nueva York? —le dije.

—¿Estás loco? ¿Cómo íbamos a ir a Nueva York si sólo teníamos hasta las nueve y media?

—Mala suerte —me miró.

—Oye, si no tienes más remedio que fumar, ¿te importaría hacerlo en los lavabos? Tú te largas de aquí, pero yo me quedo hasta que me gradúe.

No le hice caso. Seguí fumando como una chimenea. Me di la vuelta, me quedé apoyado sobre un codo y le miré mientras se cortaba las uñas. ¡Menudo colegio! Adonde uno mirase, siempre veía a un tío o cortándose las uñas o reventándose granos.

—¿Le diste recuerdos míos?

—Sí.

El muy cabrón mentía como un cosaco.

—¿Qué dijo? ¿Sigue dejando todas las damas en la fila de atrás?

—No se lo pregunté. No pensarás que nos hemos pasado la noche jugando a las damas, ¿no?

No le contesté. ¡Jo! ¡Cómo le odiaba!

—Si no fuisteis a Nueva York, ¿qué hicisteis?

No podía controlarme. La voz me temblaba de una manera horrorosa. ¡Qué nervioso estaba! Tenía el presentimiento de que había pasado algo.

Estaba acabando de cortarse las uñas de los píes. Se levantó de la cama en calzoncillos, tal como estaba, y empezó a hacer el idiota. Se acercó a mi cama y, de broma, me dio una serie de puñetazos en el hombro.

—¡Deja ya de hacer el indio! —le dije—. ¿Adonde la has llevado?

—A ninguna parte. No bajamos del coche.

Volvió a darme otro puñetazo en el hombro.

—¡Venga, no jorobes! —le dije—. ¿Del coche de quién?

—De Ed Banky.

Ed Banky era el entrenador de baloncesto. Protegía mucho a Stradlater porque era el centro del equipo. Por eso le prestaba su coche cuando quería. Estaba prohibido que los alumnos usaran los coches de los profesores, pero esos cabrones deportistas siempre se protegían unos a otros. En todos los colegios donde he estado pasaba lo mismo.

—

Stradlater siguió atizándome en el hombro. Llevaba el cepillo de dientes en la mano y se lo metió en la boca.

—¿Qué hiciste? ¿Tirártela en el coche de Ed Banky? —¡cómo me temblaba la voz!

—¡Vaya manera de hablar! ¿Quieres que te lave la boca con jabón?

—Eso es lo que hiciste, ¿no?

—Secreto profesional, amigo.

No me acuerdo muy bien de qué pasó después. Lo único que recuerdo es que salté de la cama como si tuviera que ir al baño o algo así y que quise pegar con todas mis fuerzas en el cepillo de dientes para clavárselo en la garganta. Sólo que fallé. No sabía ni lo que hacía. Le alcancé en la sien. Probablemente le hice daño, pero no tanto como quería. Podría haberle hecho mucho más, pero le pegué con la derecha y con esa mano no puedo cerrar muy bien el puño por lo de aquella fractura de que les hablé.

Pero, como iba diciendo, cuando me quise dar cuenta estaba tumbado en el suelo y tenía encima a Stradlater con la cara roja de furia. Se me había puesto de rodillas sobre el pecho y pesaba como una tonelada. Me sujetaba las muñecas para que no pudiera pegarle. Le habría matado.

—¿Qué te ha dado? —repetía una y otra vez con la cara cada vez más colorada.

—¡Quítame esas cochinas rodillas de encima! —le dije casi gritando—. ¡Quítate de encima, cabrón!

No me hizo caso. Siguió sujetándome las muñecas mientras yo le gritaba hijoputa como cinco mil veces seguidas. No recuerdo exactamente lo que le dije después, pero fue algo así como que creía que podía tirarse a todas las tías que le diera la gana y que no le importaba que una chica dejara todas las damas en la última fila ni nada, porque era un tarado. Le ponía negro que le llamara «tarado». No sé por qué, pero a todos los tarados les revienta que se lo digan.

—¡Cállate, Holden! —me gritó con la cara como la grana—. Te lo aviso. ¡Si no te callas, te parto la cara!

Estaba hecho una fiera.

—¡Quítame esas cochinas rodillas de encima! —le dije.

—Si lo hago, ¿te callarás?

No le contesté.

—Holden, si te dejo en paz, ¿te callarás? —.repitió.

—Sí.

Me dejó y me levanté. Me dolía el pecho horriblemente porque me lo había aplastado con las rodillas.

—¡Eres un cochino, un tarado y un hijoputa! —le dije.

Aquello fue la puntilla. Me plantó la manaza delante de la cara.

—¡Ándate con ojo, Holden! ¡Te lo digo por última vez! Si no te callas te voy a...

—¿Por qué tengo que callarme? —le dije casi a gritos—. Eso es lo malo que tenéis todos vosotros los tarados. Que nunca queréis admitir nada. Por eso se os reconoce en seguida. No podéis hablar normalmente de...

Se lanzó sobre mí y en un abrir y cerrar de ojos me encontré de nuevo en el suelo. No sé si llegó a dejarme K.O. o no. Creo que no. Me parece que eso sólo pasa en las películas. Pero la nariz me sangraba a chorros. Cuando abrí los ojos lo tenía encima de mí. Llevaba su neceser debajo del brazo.

—¿Por qué no has de callarte cuando te lo digo? —me dijo.

Estaba muy nervioso. Creo que tenía miedo de haberme fracturado el cráneo cuando me pegó contra el suelo. ¡Ojalá me lo hubiera roto!

—¡Tú te lo has buscado, qué leches!

¡Jo! ¡No estaba poco preocupado el tío!

—Ve a lavarte la cara, ¿quieres? —me dijo.

Le contesté que por qué no iba a lavársela él, lo cual fue una estupidez, lo reconozco, pero estaba tan furioso que no se me ocurrió nada mejor. Le dije que camino del baño no dejara de cepillarse a la señora Schmidt, que era la mujer del portero y tenía sesenta y cinco años.

—

Me quedé sentado en el suelo hasta que oí a Stradlater cerrar la puerta y alejarse por el pasillo hacia los lavabos. Luego me levanté. Me puse a buscar mi gorra de caza pero no podía dar con ella. Al fin la encontré. Estaba debajo de la cama. Me la puse con la visera para atrás como a mí me gustaba, y me fui a mirar al espejo. Estaba hecho un Cristo. Tenía sangre por toda la boca, por la barbilla y hasta por el batín y el pijama. En parte me asustó y en parte me fascinó. Me daba un aspecto de duro de película impresionante. Sólo he tenido dos peleas en mi vida y las he perdido las dos. La verdad es que de duro no tengo mucho. Si quieren que les diga la verdad, soy pacifista.

Pensé que Ackley habría oído todo el escándalo y estaría despierto, así que crucé por la ducha y me metí en su habitación para ver qué estaba haciendo. No solía ir mucho a su cuarto. Siempre se respiraba allí un tufillo raro por lo descuidado que era en eso del aseo personal.

Capítulo 7

Por entre las cortinas de la ducha se filtraba en su cuarto un poco de luz. Estaba en la cama, pero se le notaba que no dormía.

—Ackley —le pregunté—. ¿Estás despierto?

—Sí.

Había tan poca luz que tropecé con un zapato y por poco me rompo la crisma. Ackley se incorporó en la cama y se quedó apoyado sobre un brazo. Se había puesto por toda la cara una pomada blanca para los granos. Daba miedo verle así en medio de aquella oscuridad.

—¿Qué haces?

—¿Cómo que qué hago? Estaba a punto de dormirme cuando os pusisteis a armar ese escándalo. ¿Por qué os peleabais?

—¿Dónde está la llave de la luz? —tanteé la pared con la mano.

—¿Para qué quieres luz? Está ahí, a la derecha.

Al fin la encontré. Ackley se puso la mano a modo de visera para que el resplandor no le hiciera daño a los ojos.

—¡Qué barbaridad! —dijo—. ¿Qué te ha pasado?

Se refería a la sangre.

—Me peleé con Stradlater —le dije. Luego me senté en el suelo. Nunca tenían sillas en esa habitación. No sé qué hacían con ellas—. Oye —le dije—, ¿jugamos un poco a la canasta? —era un adicto a la canasta.

—Estás sangrando. Yo que tú me pondría algo ahí.

—Déjalo, ya parará. Bueno, ¿qué dices? ¿Jugamos a la canasta o no?

—¿A la canasta ahora? ¿Tienes idea de la hora que es?

—No es tarde. Deben ser sólo como las once y media.

—¿Y te parece pronto? —dijo Ackley—. Mañana tengo que levantarme temprano para ir a misa y a vosotros no se os ocurre más que pelearos a media noche. ¿Quieres decirme que os pasaba?

—

—Es una historia muy larga y no quiero aburrirte. Lo hago por tu bien, Ackley —le dije.

Nunca le contaba mis cosas, sobre todo porque era un estúpido. Stradlater comparado con él era un verdadero genio.

—Oye —le dije—, ¿puedo dormir en la cama de Ely esta noche? No va a volver hasta mañana, ¿no?

Ackley sabía muy bien que su compañero de cuarto pasaba en su casa todos los fines de semana.

—¡Yo qué sé cuándo piensa volver! —contestó. ¡Jo! ¡Qué mal me sentó aquello!

—¿Cómo que no sabes cuándo piensa volver? Nunca vuelve antes del domingo por la noche.

—Pero yo no puedo dar permiso para dormir en su cama a todo el que se presente aquí por las buenas.

Aquello era el colmo. Sin moverme de donde estaba, le di unas palmaditas en el hombro.

—Eres un verdadero encanto, Ackley, tesoro. Lo sabes, ¿verdad?

—No, te lo digo en serio. No puedo decirle a todo el que...

—Un encanto. Y un caballero de los que ya no quedan —le dije. Y era verdad.

—¿Tienes por casualidad un cigarrillo? Dime que no, o me desmayaré del susto.

—Pues la verdad es que no tengo. Oye, ¿por qué os habéis peleado?

No le contesté. Me levanté y me acerqué a la ventana. De pronto sentía una soledad espantosa. Casi me entraron ganas de estar muerto.

—Venga, dime, ¿por qué os peleabais? —me preguntó por centésima vez. ¡Qué rollazo era el tío!

—Por ti —le dije.

—¿Por mí? ¡No fastidies!

—Sí. Salí en defensa de tu honor. Stradlater dijo que tenías un carácter horroroso y yo no podía consentir que dijera eso.

El asunto le interesó muchísimo.

—¿De verdad? ¡No me digas! ¿Ha sido por eso?

Le dije que era una broma y me tumbé en la cama de Ely. ¡Jo! ¡Estaba hecho polvo! En mi vida me había sentido tan solo.

—En esta habitación apesta —le dije—. Hasta aquí llega el olor de tus calcetines. ¿Es que no los mandas nunca a la lavandería?

—Si no te gusta cómo huele, ya sabes lo que tienes que hacer —dijo Ackley. Era la mar de ingenioso—. ¿Y si apagaras la luz?

No le hice caso. Seguía tumbado en la cama de Ely pensando en Jane. Me volvía loco imaginármela con Stradlater en el coche de ese cretino de Ed Banky aparcado en alguna parte. Cada vez que lo pensaba me entraban ganas de tirarme por la ventana. Claro, ustedes no conocen a Stradlater, pero yo sí le conocía. Los chicos de Pencey —Ackley por ejemplo— se pasaban el día hablando de que se habían acostado con tal o cual chica, pero Stradlater era uno de los pocos que lo hacía de verdad. Yo conocía por lo menos a dos que él se había cepillado. En serio.

—Cuéntame la fascinante historia de tu vida, Ackley, tesoro.

—¿Por qué no apagas la luz? Mañana tengo que levantarme temprano para ir a misa.

Me levanté y la apagué para ver si con eso se callaba. Luego volví a tumbarme.

—¿Qué vas a hacer? ¿Dormir en la cama de Ely?

¡Jo! ¡Era el perfecto anfitrión!

—Puede que sí, puede que no. Tú no te preocupes.

—No, si no me preocupo. Sólo que si aparece Ely y se encuentra a un tío acostado en...

—Tranquilo. No tengas miedo que no voy a dormir aquí. No quiero abusar de tu exquisita hospitalidad.

—

A los dos minutos Ackley roncaba como un energúmeno. Yo seguía acostado en medio de la oscuridad tratando de no pensar en Jane, ni en Stradlater, ni en el puñetero coche de Ed Banky. Pero era casi imposible. Lo malo es que me sabía de memoria la técnica de mi compañero de cuarto, y eso empeoraba mucho la cosa. Una vez salí con él y con dos chicas. Fuimos en coche. Stradlater iba detrás y yo delante. ¡Vaya escuela que tenía! Empezó por largarle a su pareja un rollo larguísimo en una voz muy baja y así como muy sincera, como si además de ser muy guapo fuera muy buena persona, un tío de lo más íntegro. Sólo oírle daban ganas de vomitar. La chica no hacía más que decir: «No, por favor. Por favor, no. Por favor...» Pero Stradlater siguió dale que te pego con esa voz de Abraham Lincoln que sacaba el muy cabrón, y al final se hizo un silencio espantoso. No sabía uno ni adonde mirar. Creo que aquella noche no llegó a tirarse a la chica, pero por poco. Por poquísimo.

Mientras seguía allí tumbado tratando de no pensar, oí a Stradlater que volvía de los lavabos y entraba en nuestra habitación. Le oí guardar los trastos de aseo y abrir la ventana. Tenía una manía horrorosa con eso del aire fresco. Al poco rato apagó la luz. Ni se molestó en averiguar qué había sido de mí.

Hasta la calle estaba deprimente. Ya no se oía pasar ningún coche ni nada. Me sentí tan triste y tan solo que de pronto me entraron ganas de despertar a Ackley.

—Oye, Ackley —le dije en voz muy baja para que Stradlater no me oyera a través de las cortinas de la ducha. Pero Ackley siguió durmiendo.

—¡Oye, Ackley!

Nada. Dormía como un tronco.

—¡Eh! ¡Ackley!

Aquella vez sí me oyó.

—¿Qué te pasa ahora? ¿No ves que estoy durmiendo?

—Oye, ¿qué hay que hacer para entrar en un monasterio? —se me acababa de ocurrir la idea de hacerme monje—. ¿Hay que ser católico y todo eso?

—¡Claro que hay que ser católico! ¡Cabrón! ¿Y me despiertas para preguntarme esa estupidez?

—Vuélvete a dormir. De todas formas acabo de decidir que no quiero ir a ningún monasterio. Con la suerte que tengo iría a dar con los monjes más hijoputas de todo el país. Por lo menos con los más estúpidos...

Cuando me oyó decir eso, Ackley se sentó en la cama de un salto.

—¡Óyeme bien! —me dijo—. No me importa lo que digas de mí ni de nadie. Pero si te metes con mi religión te juro que...

—No te sulfures —le dije—. Nadie se mete con tu religión.

Me levanté de la cama y me dirigí a la puerta. En el camino me paré, le cogí una mano, y le di un fuerte apretón. El la retiró de un golpe.

—¿Qué te ha dado ahora? —me dijo.

—Nada. Sólo quería darte las gracias por ser un tío tan fenomenal. Eres todo corazón. ¿Lo sabes, verdad Ackley, tesoro?

—¡Imbécil! Un día te vas a encontrar con...

No me molesté en esperar a oír el final de la frase. Cerré la puerta y salí al pasillo. Todos estaban durmiendo o en sus casas, y aquel corredor estaba de lo más solitario y deprimente.

Junto a la puerta del cuarto de Leahy y de Hoffman había una caja vacía de pasta dentífrica y fui dándole patadas hasta las escaleras con las zapatillas forradas de piel que llevaba puestas. Iba a bajar para ver qué hacía Mal Brossard, pero de pronto cambié de idea. Decidí irme de Pencey aquella misma noche sin esperar hasta el miércoles. Me iría a un hotel de Nueva York, un hotel barato, y me dedicaría a pasarlo bien un par de días. Luego, el miércoles, me presentaría en casa descansado y de buen humor. Suponía que mis padres no recibirían la carta de Thurmer con la noticia de mi expulsión hasta el martes o el miércoles, y no quería llegar antes de que la hubieran leído y digerido. No quería estar delante cuando la recibieran. Mi madre con esas cosas se pone totalmente histérica. Luego, una vez que se ha hecho a la idea, se le pasa un poco. Además, necesitaba unas vacaciones. Tenía los nervios hechos polvo. De verdad.

Así que decidí hacer eso. Volví a mi cuarto, encendí la luz y empecé a recoger mis cosas. Tenía una maleta casi hecha. Stradlater ni siquiera se despertó. Encendí un cigarrillo, me vestí, bajé las dos maletas que tenía, y me puse a guardar lo que me quedaba por recoger. Acabé en dos minutos. Para todo eso soy la mar de rápido.

Una cosa me deprimió un poco mientras hacía el equipaje. Tuve que guardar unos patines completamente nuevos que me había mandado mi madre hacía unos pocos días. De pronto me dio mucha pena. Me la imaginé yendo a Spauldings y haciéndole al dependiente un millón de preguntas absurdas. Y todo para que me expulsaran otra vez. Me había comprado los patines que no eran; yo le había pedido de carreras y ella me los había mandado de hockey, pero aun así me dio lástima. Casi siempre que me hacen un regalo acaban por dejarme hecho polvo.

Cuando cerré las maletas me puse a contar el dinero que tenía. No me acordaba exactamente de cuánto era, pero debía ser bastante. Mi abuela acababa de mandarme un fajo de billetes. La pobre está ya bastante ida —tiene más años que un camello— y me manda dinero para mi cumpleaños como cuatro veces al año. Aunque la verdad es que tenía bastante, decidí que no me vendrían mal unos cuantos dólares más. Nunca se sabe lo que puede pasar. Así que me fui a ver a Frederick Woodruff, el tío a quien había prestado la máquina de escribir, y le pregunté cuánto me daría por ella. El tal Frederick tenía más dinero que pesaba. Me dijo que no sabía, que la verdad era que no le interesaba mucho la máquina, pero al final me la compró. Había costado noventa dólares y no quiso darme más de veinte. Estaba furioso porque le había despertado.

Cuando me iba, ya con maletas y todo, me paré un momento junto a las escaleras y miré hacia el pasillo. Estaba a punto de llorar. No sabía por qué. Me calé la gorra de caza roja con la visera echada hacia atrás, y grité a pleno pulmón: «¡Que durmáis bien, tarados!» Apuesto a que desperté hasta al último cabrón del piso. Luego me fui. Algún imbécil había ido tirando cáscaras de cacahuetes por todas las escaleras y no me rompí una pierna de milagro.

Capítulo 8

Como era ya muy tarde para llamar a un taxi, decidí ir andando hasta la estación. No estaba muy lejos, pero hacía un frío de mil demonios y las maletas me iban chocando contra las piernas todo el rato. Aun así daba gusto respirar ese aire tan Limpio. Lo único malo era que con el frío empezó a dolerme la nariz y también el labio de arriba por dentro, justo en el lugar en que Stradlater me había pegado un puñetazo. Me había clavado un diente en la carne y me dolía muchísimo. La gorra que me había comprado tenía orejeras, así que me las bajé sin importarme el aspecto que pudiera darme ni nada. De todos modos las calles estaban desiertas. Todo el mundo dormía a pierna suelta.

Por suerte cuando llegué a la estación sólo tuve que esperar como diez minutos. Mientras llegaba el tren cogí un poco de nieve del suelo y me lavé con ella la cara. Aún tenía bastante sangre.

Por lo general me gusta mucho ir en tren por la noche, cuando va todo encendido por dentro y las ventanillas parecen muy negras, y pasan por el pasillo esos hombres que van vendiendo café, bocadillos y periódicos. Yo suelo comprarme un bocadillo de jamón y algo para leer. No sé por qué, pero en el tren y de noche soy capaz hasta de tragarme sin vomitar una de esas novelas idiotas que publican las revistas. Ya saben, esas que tienen por protagonista un tío muy cursi, de mentón muy masculino, que siempre se llama David, y una tía de la misma calaña que se llama Linda o Marcia y que se pasa el día encendiéndole la pipa al David de marras. Hasta eso puedo tragarme cuando voy en tren por la noche. Pero esa vez no sé qué me pasaba que no tenía ganas de leer, y me quedé allí sentado sin hacer nada. Todo lo que hice fue quitarme la gorra y metérmela en el bolsillo.

Cuando llegamos a Trenton, subió al tren una señora y se sentó a mi lado. El vagón iba prácticamente vacío porque era ya muy tarde, pero ella se sentó al lado mío porque llevaba una bolsa muy grande y yo iba en el primer asiento. No se le ocurrió más que plantar la bolsa en medio del pasillo, donde el revisor y todos los pasajeros pudieran tropezar con ella. Llevaba en el abrigo un prendido de orquídeas como si volviera de una fiesta. Debía tener como cuarenta o cuarenta y cinco años y era muy guapa. Me encantan las mujeres. De verdad. No es que esté obsesionado por el sexo, aunque claro que me gusta todo eso. Lo que quiero decir es que las mujeres me hacen muchísima gracia. Siempre van y plantan sus cosas justo en medio del pasillo.

Pero, como decía, íbamos sentados uno al lado del otro, cuando de pronto me dijo:

—Perdona, pero eso, ¿no es una etiqueta de Pencey? —iba mirando las maletas que había colocado en la red.

—Sí —le dije. Y era verdad. 'En una de las maletas llevaba una etiqueta del colegio. Una gilipollez, lo reconozco.

—¿Eres alumno de Pencey? —me preguntó. Tenía una voz muy bonita, de esas que suenan estupendamente por teléfono. Debería llevar siempre un teléfono a mano.

—Sí —le dije.

—¡Qué casualidad! Entonces tienes que conocer a mi hijo. Se llama Ernest Morrow y estudia en Pencey.

—Sí, claro que le conozco. Está en mi clase.

Su hijo era sin lugar a dudas el hijoputa mayor que había pasado jamás por el colegio. Cuando volvía de los lavabos a su habitación iba siempre pegando a todos en el trasero con la toalla mojada. Eso da la medida de lo hijoputa que era.

—¡Cuánto me alegro! —dijo la señora, pero sin cursilería ni nada. Al contrario, muy simpática—. Le diré a Ernest que nos hemos conocido. ¿Cómo te llamas?

—Rudolph Schmidt —le dije. No tenía ninguna gana de contarle la historia de mi vida. Rudolph Schmidt era el nombre del portero de la residencia.

—¿Te gusta Pencey? —me preguntó.

—

—¿Pencey? No está mal. No es un paraíso, pero tampoco es peor que la mayoría de los colegios. Algunos de los profesores son muy buenos.

—A Ernest le encanta.

—Ya lo sé —le dije. De pronto me dio por meterle cuentos—. Pero es que Ernest se hace muy bien a todo. De verdad. Tiene una enorme capacidad de adaptación.

—¿Tú crees? —me preguntó. Se le notaba que estaba interesadísima en el asunto.

—¿Ernest? Desde luego —le dije. La miré mientras se quitaba los guantes. ¡Jo! ¡No llevaba pocos pedruscos!

—Acabo de romperme una uña al bajar del taxi —me dijo mientras me miraba sonriendo. Tenía una sonrisa fantástica. De verdad. La mayoría de la gente, o nunca sonríe, o tiene una sonrisa horrible—. A su padre y a mí nos preocupa mucho —dijo—. A veces nos parece que no es muy sociable.

—No la entiendo...

—Verás, es que es un chico muy sensible. Nunca le ha resultado fácil hacer amigos. Quizá porque se toma las cosas demasiado en serio para su edad.

¡Sensible! ¿No te fastidia? El tal Morrow tenía la sensibilidad de una tabla de retrete. La miré con atención. No parecía tonta. A lo mejor hasta sabía qué clase de cabrón tenía por hijo. Pero con eso de las madres nunca se sabe. Están todas un poco locas. Aun así la de Morrow me gustaba. Estaba la mar de bien la señora.

—¿Quiere un cigarrillo? —le pregunté.

Miró a su alrededor.

—Creo que en este vagón no se puede fumar, Rudolph —me dijo.

¡Rudolph! ¡Qué gracia me hizo!

—No importa. Cuando empiecen a chillarnos lo apagaremos —le dije.

Cogió un cigarrillo y le di fuego. Daba gusto verla fumar. Aspiraba el humo, claro, pero no lo tragaba con ansia como suelen hacer las mujeres de su edad. La verdad es que era de lo más agradable y tenía un montón de *sex-appeal.*

Me miró con una expresión rara.

—Quizá me equivoque, pero creo que te está sangrando la nariz —dijo de pronto.

Asentí y saqué el pañuelo. Le dije:

—Es que me han tirado una bola de nieve. De esas muy apelmazadas.

No me hubiera importado contarle lo que había pasado, pero habría tardado muchísimo. Estaba empezando a arrepentirme de haberle dicho que me llamaba Rudolph Schmidt.

—Con que Ernie, ¿eh? Es uno de los chicos más queridos en Pencey, ¿lo sabía?

—No. No lo sabía.

Afirmé:

—A todos nos llevó bastante tiempo conocerle. Es un tío muy especial. Bastante raro en muchos aspectos, ¿entiende lo que quiero decir? Por ejemplo, cuando le conocí le tomé por un *snob.* Pero no lo es. Es sólo que tiene un carácter bastante original y cuesta llegar a conocerle bien.

La señora Morrow no dijo nada. Pero, ¡jo! ¡Había que verla! La tenía pegada al asiento. Todas las madres son iguales. Les encanta que les cuenten lo maravilloso que es su hijo.

Entonces fue cuando de verdad me puse a mentir como un loco.

—¿Le ha contado lo de las elecciones? —le pregunté—. ¿Las elecciones que tuvimos en la clase?

Negó con la cabeza. La tenía como hipnotizada.

—Verá, todos queríamos que Ernie saliera presidente de la clase. Le habíamos elegido como candidato unánimemente. La verdad es que era el único tío que podía hacerse cargo de la situación —le dije. ¡Jo! ¡Vaya bolas que le estaba metiendo!—. Pero salió elegido otro chico, Harry Fencer, y por una razón muy sencilla y evidente: que Ernie es tan humilde y tan modesto que no nos permitió que presentáramos su candidatura. Se negó en redondo. ¡Es tan tímido! Deberían ayudarle a superar eso —la miré—. ¿Se lo ha contado?

—

—No. No me ha dicho nada.

—¡Claro! ¡Típico de Ernie! Eso es lo malo, que es demasiado tímido. Debería ayudarle a salir de su cascarón.

En ese momento llegó el revisor a pedir el billete a la señora Morrow y aproveché la ocasión para callarme. Esos tíos como Morrow que se pasan el día atizándole a uno con la sana intención de romperle el culo, resulta que no se limitan a ser cabrones de niños. Luego lo siguen siendo toda su vida. Pero apuesto la cabeza a que después de todo lo que le dije aquella noche, la señora Morrow verá ya siempre en su hijo a un tío tímido y modesto que no se deja ni proponer como candidato a unas elecciones. Vamos, eso creo. Luego nunca se sabe. Aunque las madres no suelen ser unos linces para esas cosas.

—¿Le gustaría tomar una copa? —le pregunté. Me apetecía tomar algo—. Podemos ir al vagón restaurante.

—¿No eres muy joven todavía para tomar bebidas alcohólicas? —me preguntó, pero sin tono de superioridad. Era demasiado simpática para dárselas de superior.

—Sí, pero se creen que soy mayor porque soy muy alto —le dije—, y porque tengo mucho pelo gris.

Me volví y le enseñé todas las canas que tengo. Eso le fascinó.

—Vamos, la invito. ¿No quiere? —le dije—. La verdad es que me habría gustado mucho que aceptara.

—Creo que no. Muchas gracias de todos modos —me dijo—. Además el restaurante debe estar ya cerrado. Es muy tarde, ¿sabes?

Tenía razón. Se me había olvidado la hora que era. Luego me miró y me dijo lo que desde un principio temía que acabaría preguntándome:

—Ernest me escribió hace unos días para decirme que no os darían las vacaciones hasta el miércoles. Espero que no te hayan llamado urgentemente porque se haya puesto enfermo alguien de tu familia —no lo preguntaba por fisgonear, estoy seguro.

—No, en casa están todos bien —le dije—. Yo soy quien está enfermo. Tienen que operarme.

—¡Cuánto lo siento! —dijo. Y se notaba que era verdad. En cuanto cerré la boca me arrepentí de haberlo dicho, pero ya era demasiado tarde.

—Nada grave. Es sólo un tumor en el cerebro.

—¡Oh, no! —se llevó una mano a la boca y todo.

—No crea que voy a morirme ni nada. Está por la parte de fuera y es muy pequeñito. Me lo quitarán en un dos por tres.

Luego saqué del bolsillo un horario de trenes que llevaba y me puse a leerlo para no seguir mintiendo. Una vez que me disparo puedo seguir horas enteras si me da la gana. De verdad. Horas y horas.

Después de aquello ya no hablamos mucho. Ella empezó a leer un *Vogue* que llevaba, y yo me puse a mirar por la ventanilla. En Newark se bajó. Me deseó mucha suerte en la operación. Seguía llamándome Rudolph. Luego me dijo que no dejara de ir a visitar a Ernie durante el verano, que tenían una casa en la playa con pista de tenis y todo en Gloucester, Massachusetts, pero yo le di las gracias y le dije que me iba de viaje a Sudamérica con mi abuela. Esa sí que era una trola de las buenas, porque mi abuela no sale ni a la puerta de su casa si no es para ir a una sesión de cine o algo así. Pero ni por todo el oro del mundo hubiera ido a visitar a ese hijo de puta de Morrow. Por muy desesperado que estuviera.

Capítulo 9

Lo primero que hice al llegar a la Estación de Pennsylvania fue meterme en una cabina telefónica. Tenía ganas de llamar a alguien. Dejé las maletas a la puerta para poder vigilarlas y entré, pero tan pronto como estuve dentro no supe a quién llamar. Mi hermano D.B. estaba en Hollywood y mi hermana pequeña, Phoebe, se acuesta alrededor de las nueve. No le habría importado nada que la despertara, pero lo malo es que no hubiera cogido ella el teléfono. Habrían contestado mis padres, así que tuve que olvidarme del asunto. Luego, se me ocurrió llamar a la madre de Jane Gallaher para preguntarle cuándo llegaba su hija a Nueva York, pero de pronto se me quitaron las ganas. Además, era ya muy tarde para telefonear a una señora. Después pensé en llamar a una chica con la que solía salir bastante a menudo. Sally Hayes. Sabía que ya estaba de vacaciones porque me había escrito una carta muy larga y muy cursi invitándome a decorar el árbol con ella el día de Nochebuena, pero me dio miedo de que se pusiera su madre al teléfono. Era amiga de la mía y una de esas tías que son capaces de romperse una pierna con tal de correr al teléfono para contarle a mi madre que yo estaba en Nueva York. Además no me atraía la idea de hablar con la señora Hayes. Una vez le dijo a Sally que yo estaba loco de remate y que no tenía ningún propósito en la vida. Al final pensé en llamar a un tío que había conocido en Whooton, un tal Carl Luce, pero la verdad es que era un poco imbécil. Así que acabé por no llamar a nadie.

Después de pasarme como veinte minutos en aquella cabina, salí a la calle, cogí mis maletas, me acerqué al túnel donde está la parada de taxis, y cogí uno.

Soy tan distraído que, por la fuerza de la costumbre, le di al taxista mi verdadera dirección. Me olvidé totalmente de que iba a refugiarme un par de días en un hotel y de que no iba a aparecer por casa hasta que empezaran oficialmente las vacaciones. No me di cuenta hasta que habíamos cruzado ya medio parque. Entonces le dije muy deprisa:

—¿Le importaría dar la vuelta cuando pueda? Me equivoqué al darle la dirección. Quiero volver al centro.

El taxista era un listo.

—Aquí no puedo dar la vuelta, amigo. Esta calle es de dirección única. Tendremos que seguir hasta la Diecinueve.

No tenía ganas de discutir:

—Está bien — le dije. De pronto se me ocurrió preguntarle si sabía una cosa—. ¡Oiga! —le dije—. Esos patos del lago que hay cerca de Central Park South... Sabe qué lago le digo, ¿verdad? ¿Sabe usted por casualidad adonde van cuando el agua se hiela? ¿Tiene usted alguna idea de dónde se meten?

Sabía perfectamente que cabía una posibilidad entre un millón. Se volvió y me miró como si yo estuviera completamente loco.

—¿Qué se ha propuesto, amigo? —me dijo—. ¿Tomarme un poco el pelo?

—No. Sólo quería saberlo, de verdad.

No me contestó, así que yo me callé también hasta que salimos de Central Park en la calle Diecinueve. Entonces me dijo:

—Usted dirá, amigo. ¿Adonde vamos?

—Verá, la cosa es que no quiero ir a ningún hotel del Este donde pueda tropezarme con cualquier amigo. Viajo de incógnito —le dije. Me revienta decir horteradas como «viajo de incógnito», pero cuando estoy con alguien que dice ese tipo de cosas procuro hablar igual que él—. ¿Sabe usted quién toca hoy en la Sala de Fiestas del Taft o del New Yorker?

—Ni la menor idea, amigo.

—

—Entonces lléveme al Edmont —le dije—. ¿Quiere parar en el camino y tomarse una copa conmigo? Le invito. Estoy forrado.

—No puedo. Lo siento —el tío era unas castañuelas. Vaya carácter que tenía.

Llegamos al Edmont y me inscribí en el registro. En el taxi me había puesto la gorra de caza, pero me la quité antes de entrar al hotel. No quería parecer un tipo estrafalario lo cual resultó después bastante gracioso. Pero entonces aún no sabía que ese hotel estaba lleno de tarados y maníacos sexuales. Los había a cientos.

Me dieron una habitación inmunda con una ventana que daba a un patio interior, pero no me importó mucho. Estaba demasiado deprimido para preocuparme por la vista. El botones que me subió el equipaje al cuarto debía tener unos sesenta y cinco años. Resultaba aún más deprimente que la habitación. Era uno de esos viejos que se peinan echándose todo el pelo a un lado para que no se note que están calvos. Yo preferiría que todo el mundo lo supiera antes que tener que hacer eso. Pero, en cualquier caso, ¡vaya carrerón que llevaba el tío! Tenía un trabajo envidiable. Transportar maletas todo el día de un lado para otro y tender la mano para que le dieran una propina. Supongo que no sería ningún Einstein, pero aun así el panorama era bastante horrible.

Cuando se fue me puse a mirar por la ventana sin quitarme el abrigo ni nada. Al fin y al cabo no tenía nada mejor que hacer. No se imaginan ustedes las cosas que pasaban al otro lado de aquel patio. Y ni siquiera se molestaba nadie en bajar las persianas. Por ejemplo, vi a un tío en calzoncillos, que tenía el pelo gris y una facha de lo más elegante, hacer una cosa que cuando se la cuente no van a creérsela siquiera. Primero puso la maleta sobre la cama. Luego la abrió, sacó un montón de ropa de mujer, y se la puso. De verdad que era toda de mujer: medias de seda, zapatos de tacón, un sostén y uno de esos corsés con las ligas colgando y todo. Luego se puso un traje de noche negro, se lo juro, y empezó a pasearse por toda la habitación dando unos pasitos muy cortos, muy femeninos, y fumando un cigarrillo mientras se miraba al espejo. Lo más gracioso es que estaba solo, a menos que hubiera alguien en el baño, que desde donde yo estaba no se veía. Justo en la habitación de encima, había un hombre y una mujer echándose agua el uno al otro a la cara. Quizá se tratara de alguna bebida, pero a esa distancia era imposible distinguir lo que tenían en los vasos. Primero él se llenaba la boca de líquido y se lo echaba a ella a la cara, y luego ella se lo echaba a él. Se lo crean o no, lo hacían por riguroso turno. ¡No se imaginan qué espectáculo! Y, mientras, se reían todo el tiempo como si fuera la cosa más divertida del mundo. En serio. Ese hotel estaba lleno de maníacos sexuales. Yo era probablemente la persona más normal de todo el edificio, lo que les dará una idea aproximada de la jaula de grillos que era aquello. Estuve a punto de mandarle a Stradlater un telegrama diciéndole que cogiera el primer tren a Nueva York. Se lo habría pasado de miedo.

—

Lo malo de ese tipo de cosas es que, por mucho que uno no quiera, resultan fascinantes. Por ejemplo, la chica que tenía la cara chorreando, era la mar de guapa. Creo que ése es el problema que tengo. Por dentro debo ser el peor pervertido que han visto en su vida. A veces pienso en un montón de cosas raras que no me importaría nada hacer si se me presentara la oportunidad. Hasta puedo entender que, en cierto modo, resulte divertido, si se está lo bastante bebido, echarse agua a la cara con una chica. Pero lo que me pasa es que no me gusta la idea. Si se analiza bien, es bastante absurda. Si la chica no te gusta, entonces no tiene sentido hacer nada con ella, y si te gusta de verdad, te gusta su cara y no quieres llenársela de agua. Es una lástima que ese tipo de cosas resulten a veces tan divertidas. Y la verdad es que las mujeres no le ayudan nada a uno a procurar no estropear algo realmente bueno. Hace un par de años conocí a una chica que era aún peor que yo. ¡Jo! ¡No hacía pocas cosas raras! Pero durante una temporada nos divertíamos muchísimo. Eso del sexo es algo que no acabo de entender del todo. Nunca se sabe exactamente por dónde va uno a tirar. Por ejemplo, yo me paso el día imponiéndome límites que luego cruzo todo el tiempo. El año pasado me propuse no salir con ninguna chica que en el fondo no me gustara de verdad. Pues aquella misma semana salí con una que me daba cien patadas. La misma noche, si quieren saber la verdad. Me pasé horas enteras besando y metiendo mano a una cursi horrorosa que se llamaba Arme Louise Sherman. Eso del sexo no lo entiendo. Se lo juro.

Mientras estaba mirando por la ventana se me ocurrió llamar directamente a Jane. Pensé en ponerle una conferencia a BM, en vez de hablar con su madre, para preguntarle cuándo llegaría a Nueva York. Las alumnas tenían prohibido recibir llamadas telefónicas por la noche, pero me preparé todo el plan. Diría a la persona que contestara que era el tío de Jane, que su tía había muerto en un accidente de coche, y que tenía que hablar con ella inmediatamente. Se lo habrían creído. Pero al final no lo hice porque no estaba en vena y cuando uno no está en vena no hay forma de hacer cosas así.

Al cabo de un rato me senté en un sillón y me fumé un par de cigarrillos. Me sentía bastante cachondo, tengo que confesarlo. De pronto se me ocurrió una idea. Saqué la cartera y busqué una dirección que me había dado el verano anterior un tío de Princeton. Al final la encontré. El papel estaba todo amarillento, pero todavía se leía. No es que la chica fuera una puta ni nada de eso, pero, según me había dicho el tío aquél, no le importaba hacerlo de vez en cuando. El la llevó un día a un baile de la universidad y por poco le echan de Princeton. Había sido bailarina de *strip-tease* o algo así. Pues, como iba diciendo, me acerqué a donde estaba el teléfono y llamé. La chica se llamaba Faith Cavendish y vivía en el Hotel Stanford Arms, en la esquina de las calles 65 y Broadway. Un tugurio, sin la menor duda.

Sonó el timbre bastante rato. Cuando ya pensaba que no había nadie, descolgaron el teléfono.

—¿Oiga? —dije. Hablaba con un tono muy bajo para que no sospechara la edad que tenía. De todas formas tengo una voz bastante profunda.

—Diga —contestó una mujer. Y no muy amable por cierto.

—¿Es Faith Cavendish?

—¿Quién es? ¿A qué imbécil se le ocurre llamarme a esta hora?

Aquello me acobardó un poco.

—

—Verás, ya sé que es un poco tarde —dije con una voz como muy adulta—. Tienes que perdonarme, pero es que ardía en deseos de hablar contigo —se lo dije de la manera más fina posible. De verdad.

—Pero, ¿quién es?

—No me conoces. Soy un amigo de Birdsell. Me dijo que si algún día pasaba por Nueva York no dejara de tomar una copa contigo.

—¿Qué dices? ¿Que eres amigo de quién?

¡Jo! ¡Esa mujer era una fiera corrupia! Me hablaba casi a gritos.

—Edmund Birdsell. Eddie Birdsell —le dije. No me acordaba si se llamaba Edmund o Edward. Le había visto sólo una vez en una fiesta aburridísima.

—No conozco a nadie que se llame así. Y si crees que tiene gracia despertarme a media noche para... —Eddie Birdsell... De Princeton —le dije.

Se notaba que le estaba dando vueltas al nombre en la cabeza.

—Birdsell, Birdsell... ¿De Princeton, dices? ¿De la

—¿Estás tú en Princeton?

—Más o menos, universidad?

—Eso —le dije.

—Y, ¿cómo está Eddie? —dijo—. Oye, vaya horitas que tienes tú de llamar, ¿eh? ¡Qué barbaridad!

—Está muy bien. Me dijo que te diera recuerdos.

—Gracias. Dale también recuerdos de mi parte cuando le veas —dijo—. Es un chico encantador. ¿Qué es de su vida?

De repente estaba simpatiquísima.

—Pues nada. Lo de siempre —le dije. ¡Yo qué sabía lo que andaría haciendo ese tío! Apenas le conocía. Ni siquiera sabía si seguiría en Princeton—. Oye, ¿podríamos vernos para tomar una copa juntos?

—¿Tienes ni la más remota idea de la hora que es? —dijo—. ¿Cómo te llamas? ¿Te importaría decirme cómo te llamas? —de pronto sacaba acento británico—. Por teléfono pareces un poco joven.

Me reí.

—Gracias por el cumplido —le dije, así como con mucho mundo—. Me llamo Holden Caulfield.

Debí darle un nombre falso, pero no se me ocurrió.

—Verás, Holden. Nunca salgo a estas horas de la noche. Soy una pobre trabajadora.

—Pero mañana es domingo —le dije.

—No importa. Tengo que dormir mucho. El sueño es un tratamiento de belleza. Ya lo sabes.

—Creí que aún podríamos tomar una copa juntos. No es demasiado tarde.

—Eres muy amable —me dijo—. Por cierto, ¿desde dónde me llamas? ¿Dónde estás?

—¿Yo? En una cabina telefónica.

—¡Ah! —dijo. Hubo una pausa interminable—. Me gustaría muchísimo verte. Debes ser muy atractivo.

Por la voz me parece que tienes que ser muy atractivo. Pero es muy tarde.

—Puedo subir yo.

—En otra ocasión me habría parecido estupendo que subieras a tomar algo, pero mi compañera de cuarto está enferma. No ha pegado ojo la pobre en toda la tarde y acaba de dormirse hace un minuto.

—Vaya, lo siento...

—¿Dónde te alojas? Quizá podamos vernos mañana.

—Mañana no puedo —le dije—. La única posibilidad era esta noche.

¡Soy un cretino! ¡Nunca debí decir aquello!

—Vaya, entonces lo siento muchísimo...

—Le daré recuerdos a Eddie de tu parte.

—No te olvides, por favor. Que lo pases muy bien en Nueva York. Es una ciudad maravillosa.

—

—Ya lo sé. Gracias. Buenas noches —le dije. Y colgué.

¡Jo! ¡Vaya ocasión que había perdido! Al menos podía haber quedado con ella para el día siguiente.

Capítulo 10

Era aún bastante temprano. No estoy seguro de qué hora sería, pero desde luego no muy tarde. Me revienta irme a la cama cuando ni siquiera estoy cansado, así que abrí las maletas, saqué una camisa limpia, me fui al baño, me lavé y me cambié. Había decidido bajar a ver qué pasaba en el Salón Malva. Así se llamaba la sala de fiestas del hotel, el Salón Malva.

Mientras me cambiaba de camisa se me ocurrió llamar a mi hermana Phoebe. Tenía muchas ganas de hablar con ella por teléfono. Necesitaba hablar con alguien que tuviera un poco de sentido común. Pero no podía arriesgarme porque, como era muy pequeña, no podía estar levantada a esa hora y, menos aún, cerca del teléfono. Pensé que podía colgar en seguida si contestaban mis padres, pero no hubiera dado resultado. Se habrían dado cuenta de que era yo. A mi madre no se le escapa una. Es de las que te adivina el pensamiento. Una pena, porque me habría gustado charlar un buen rato con mi hermana.

No se imaginan ustedes lo guapa y lo lista que es. Les juro que es listísima. Desde que empezó a ir al colegio no ha sacado más que sobresalientes. La verdad es que el único torpe de la familia soy yo. Mi hermano D.B. es escritor, ya saben, y mi hermano Allie, el que les he dicho que murió, era un genio. Yo soy el único tonto. Pero no saben cuánto me gustaría que conocieran a Phoebe.

—

Es pelirroja, un poco como era Allie, y en el verano se corta el pelo muy cortito y se lo remete por detrás de las orejas. Tiene unas orejitas muy monas, muy pequeñitas. En el invierno lo lleva largo. Unas veces mi madre le hace trenzas y otras se lo deja suelto, pero siempre le queda muy bien. Tiene sólo diez años. Es muy delgada, como yo, pero de esas delgadas graciosas, de las que parece que han nacido para patinar. Una vez la vi desde la ventana cruzar la Quinta Avenida para ir al parque y pensé que tenía el tipo exacto de patinadora. Les gustaría mucho conocerla. En el momento en que uno le habla, Phoebe entiende perfectamente lo que se le quiere decir. Y se la puede llevar a cualquier parte. Si se la lleva a ver una película mala, en seguida se da cuenta de que es mala. Si se la lleva a ver una película buena, en seguida se da cuenta de que es buena. D.B. y yo la llevamos una vez a ver una película francesa de Raimu que se llamaba *La mujer del panadero.* Le gustó muchísimo. Pero su preferida es *Los treinta y nueve escalones,* de Robert Donat. Se la sabe de memoria porque la ha visto como diez veces. Por ejemplo, cuando Donat llega a Escocia huyendo de la policía y se refugia en una granja y un escocés le pregunta: «¿Va a comerse ese arenque, o no?», Phoebe va y lo dice en voz alta al mismo tiempo. Se sabe todo el diálogo de memoria. Y cuando el profesor, que luego resulta ser un espía alemán, saca un dedo mutilado que tiene para enseñárselo a Donat, Phoebe se le adelanta y me planta un dedo ante las narices en medio de la oscuridad. Es estupenda, de verdad. Les gustaría mucho. Lo único es que a veces se pasa de cariñosa. Para lo pequeña que es, es muy sensible.

Otra cosa que tiene es que siempre está escribiendo libros que luego nunca termina: La protagonista es una niña detective que se llama Hazel Weatherfield, sólo que Phoebe escribe su nombre Hazle. Al principio parece que es huérfana, pero luego aparece su padre todo el tiempo. El padre es «un caballero alto y atractivo de unos veinte años de edad». Es graciosísima la tal Phoebe. Les encantaría. Ha sido muy lista desde pequeñita. Cuando era sólo una cría, Allie y yo solíamos llevarla al parque con nosotros, especialmente los domingos. Allie tenía un barquito de vela con el que le gustaba jugar en el lago y Phoebe se venía con nosotros. Se ponía unos guantes blancos y caminaba entre los dos muy seria, como una auténtica señora. Cada vez que Allie y yo nos poníamos a hablar sobre cualquier cosa, Phoebe nos escuchaba muy atentamente. En ocasiones, como era tan chica, se nos olvidaba que estaba delante, pero ella se encargaba de recordárnoslo porque nos interrumpía todo el tiempo. Por ejemplo, le daba un empujón a Allie y le decía: «Pero, ¿quién dijo eso, Bobby o la señora?» Nosotros le explicábamos quién lo había dicho y ella decía: «¡Ah!», y seguía escuchando. A Allie le traía loco. Quiero decir que la quería muchísimo también. Ahora tiene ya diez años, o sea que no es tan cría, pero sigue haciendo mucha gracia a todo el mundo. A todo el mundo que tiene un poco de sentido, claro.

Como decía, es una de esas personas con las que da gusto hablar por teléfono, pero me dio miedo llamarla, que contestaran mis padres, y que se dieran cuenta de que estaba en Nueva York y me habían echado de Pencey. Así que me puse la camisa, acabé de arreglarme y bajé al vestíbulo en el ascensor para echar un vistazo al panorama.

—

El vestíbulo estaba casi vacío a excepción de unos cuantos hombres con pinta de chulos y unas cuantas mujeres con pinta de putas. Pero se oía tocar a la orquesta en el Salón Malva y entré a ver cómo estaba el ambiente por allí. No había mucha gente, pero aun así me dieron una mesa de lo peor, detrás de todo. Debí plantarle un dólar delante de las narices al camarero. ¡Jo! ¡Les digo que en Nueva York sólo cuenta el dinero! De verdad.

La orquesta era pútrida. Aquella noche tocaba Buddy Singer. Mucho metal, pero no del bueno sino del tirando a cursi. Por otra parte, había muy poca gente de mi edad. Bueno, la verdad es que no había absolutamente nadie de mi edad. Estaba lleno de unos tipos viejísimos y afectadísimos con sus parejas, menos en la mesa de al lado mío en que había tres chicas de unos treinta años o así. Las tres eran bastante feas y llevaban unos sombreros que anunciaban a gritos que ninguna era de Nueva York. Una de ellas, la rubia, no estaba mal del todo. Tenía cierta gracia, así que empecé a echarle unas cuantas miradas insinuantes; pero en ese momento llegó el camarero a preguntarme qué quería tomar. Le dije que me trajera un whisky con soda sin mezclar y lo dije muy deprisa porque como empieces a titubear en seguida se dan cuenta de que eres menor de edad y no te traen nada que tenga alcohol. Pero aun así se dio cuenta.

—Lo siento mucho —me dijo—, ¿pero tiene algún documento que acredite que es mayor de edad? ¿El permiso de conducir, por ejemplo?

Le lancé una mirada gélida, como si me hubiera ofendido en lo más vivo y le pregunté:

—¿Es que parezco menor de veinte años?

—Lo siento, señor, pero tenemos nuestras...

—Bueno, bueno —le dije. Había decidido no meterme en honduras—. Tráigame una coca-cola.

Ya se iba cuando le llamé:

—¿No puede ponerle al menos un chorrito de ron? —se lo dije de muy buenos modos—. Aquí no hay quien aguante sobrio. Ande, échele un chorrito de algo...

—Lo siento, señor —dijo. Y se largó.

La verdad es que él no tenía la culpa. Si les pillan sirviendo bebidas alcohólicas a un menor, les ponen de patitas en la calle. Y yo, ¡qué puñeta!, era menor de edad.

Volví a mirar a las tres brujas que tenía al lado, mejor dicho, a la rubia. Para mirar a las otras dos había que echarle al asunto mucho valor. La verdad es que lo hice muy bien, como el que no quiere la cosa, muy frío y con mucho mundo, pero en cuanto ellas lo notaron empezaron a reírse las tres como idiotas. Probablemente me consideraban demasiado joven para ligar. ¿No te fastidia? Ni que hubiera querido casarme con ellas. Debía haberlas mandado a freír espárragos, pero no lo hice porque tenía muchas ganas de bailar. Hay veces que no puedo resistir la tentación y ésa era una de ellas. Me incliné hacia las tres chicas y les dije:

—¿Os gustaría bailar?

No lo pregunté de malos modos ni nada, al contrario, estuve finísimo, pero no sé por qué aquello les hizo un efecto increíble. Empezaron a reírse como locas, de verdad. Eran las tres unas cretinas integrales.

—Venga —les dije—, bailaré con las tres una detrás de otra, ¿de acuerdo? ¿Qué os parece? Decid que sí.

Me moría de ganas de bailar. Al final, como se notaba que a quien me dirigía era a ella, la rubia se levantó para bailar conmigo y salimos a la pista. Mientras tanto, los otros dos esperpentos siguieron riéndose como histéricas. Debía estar loco para molestarme siquiera por ellas.

Pero valió la pena. La rubia aquélla bailaba de miedo. He conocido a pocas mujeres que bailaran tan bien. A veces esas estúpidas resultan unas bailarinas estupendas, mientras que las chicas inteligentes, la mitad de las veces, o se empeñan en llevarte, o bailan tan mal que lo mejor que puedes hacer es quedarte sentado en la mesa y emborracharte con ellas.

—

—Lo haces muy bien —le dije a la rubia aquélla—. Deberías dedicarte a bailarina, de verdad. Una vez bailé con una profesional y no era ni la mitad de buena que tú. ¿Has oído hablar de Marco y Miranda?

—¿Qué?

Ni siquiera me escuchaba. Estaba mirando a las mesas.

—He dicho que si has oído hablar de Marco y Miranda.

—No sé. No. No sé quiénes son.

—Son una pareja de bailarines. Ella no me gusta nada. Se sabe todos los pasos perfectamente, pero no baila nada bien. ¿Quieres que te diga en qué se nota cuándo una mujer es una bailarina estupenda?

—¿Qué?

No me escuchaba. No hacía más que mirar por toda la habitación.

—He dicho que si sabes en qué se nota cuándo una mujer es una bailarina estupenda.

—No...

—Verás, yo pongo la mano en la espalda de mi pareja, ¿no? Pues si me da la sensación de que más abajo de la mano no hay nada, ni trasero, ni piernas, ni pies, ni nada, entonces es que la chica es una bailarina fenomenal.

Nada, ni caso, así que dejé de hablarle un buen rato y me limité a bailar. ¡Jo! ¡Qué bien lo hacía aquella idiota! Buddy Singer y su orquesta tocaban esa canción que se llama *Just one of those things,* y por muchos esfuerzos que hacían no lograban destrozarla del todo. Es una canción preciosa. No intenté hacer ninguna exhibición ni nada porque me revientan esos tíos que se ponen a hacer fiorituras en la pista, pero me moví todo lo que quise y la rubia me seguía perfectamente. Lo más gracioso es que me creía que ella se lo estaba pasando igual de bien que yo hasta que se descolgó con una estupidez:

—Anoche mis amigas y yo vimos a Peter Lorre en persona. El actor de cine. Estaba comprando el periódico. Es un sol.

—Tuvisteis suerte —le dije—. Mucha suerte, ¿sabes?

Era una estúpida, pero qué bien bailaba. Por mucho que traté de contenerme no pude evitar darle un beso en aquella cabeza de chorlito, justo en la coronilla. Cuando lo hice se enfadó.

—¡Oye! Pero, ¿qué te has creído?

—Nada, no me he creído nada. Es que bailas muy bien —le dije—. Tengo una hermana pequeña que está en el cuarto grado. Tú bailas casi tan bien como ella y eso que mi hermana lo hace como Dios.

—Mucho cuidado con lo que dices.

¡Jo! ¡Vaya tía! Era lo que se dice una malva.

—¿De dónde sois?

—¿Qué? —dijo.

—Que de dónde sois. Pero no me contestes si no quieres. No tienes que hacer tal esfuerzo.

—Seattle, Washington —dijo como si me estuviera haciendo un gran favor.

—Tienes una conversación estupenda —le dije—, ¿sabes?

—¿Qué?

Me di por vencido. De todas formas no hubiera entendido la indirecta.

—¿Quieres que hagamos un poco de *jitterbug*? Nada de saltar a lo hortera. Tranquilo y suavecito. Cuando tocan algo rápido, se sientan todos menos los viejos y los gordos, o sea que nos quedará la pista entera. ¿Qué te parece?

—Lo mismo me da —contestó—. Oye, y tú ¿cuántos años tienes?

No sé por qué pero aquella pregunta me molestó muchísimo.

—¡Venga, mujer! ¡No jorobes! Tengo doce años, pero ya sé que represento un poco más.

—Oye. Ya te lo he dicho antes. No me gusta esa forma de hablar. Si sigues diciendo palabrotas, voy a sentarme con mis amigas y asunto concluido.

Me disculpé a toda prisa porque la orquesta empezaba a tocar una pieza rápida. Bailamos el *jitterbug,* pero sin nada de cursiladas. Ella lo hacía estupendamente. No había más que darle un toquecito ligero en la espalda de vez en cuando. Y cuando se daba la vuelta movía el trasero a saltitos de una manera graciosísima. Me encantaba. De verdad. Para cuando volvimos a la mesa ya estaba medio loco por ella. Eso es lo que tienen las chicas. En cuanto hacen algo gracioso, por feas o estúpidas que sean, uno se enamora de ellas y ya no sabe ni por dónde se anda. Las mujeres. ¡Dios mío! Le vuelven a uno loco. De verdad.

No me invitaron siquiera a sentarme con ellas, creo que sólo porque eran unas ignorantes, pero me senté de todos modos. La rubia, la que había bailado conmigo, se llamaba Bernice Crabs o Krebes o algo por el estilo. Las dos feas se llamaban Marty y Láveme. Les dije que me llamaba Jim Steele. Me dio por ahí. Luego traté de mantener con ellas una conversación inteligente, pero era prácticamente imposible. Costaba un esfuerzo ímprobo. No podía decidir cuál era más estúpida de las tres. Miraban constantemente a su alrededor como esperando que de un momento a otro fuera a aparecer por la puerta un ejército de actores de cine. Las muy tontas se creían que cuando los artistas van a Nueva York no tienen nada mejor que hacer que ir al Salón Malva en vez de al Club de la Cigüeña, o al Morocco, o a sitios así. Trabajaban en una compañía de seguros. Les pregunté si les gustaba lo que hacían, pero me fue absolutamente imposible extraer una respuesta inteligente de aquellas tres idiotas. Pensé que las dos feas, Marty y Láveme, eran hermanas, pero cuando se lo pregunté se ofendieron muchísimo. Se veía que ninguna quería parecerse a la otra, lo cual era comprensible pero no dejaba de tener cierta gracia.

Bailé con las tres, una detrás de otra. La más fea, Láveme, no lo hacía mal del todo, pero lo que es la otra, era criminal. Bailar con la tal Marty era como arrastrar la estatua de la Libertad por toda la pista. No tuve más remedio que inventarme algo para pasar el rato, así que le dije que acababa de ver a Gary Cooper.

—¿Dónde? —me preguntó nerviosísima—. ¿Dónde?

—Te lo has perdido. Acaba de salir. ¿Por qué no miraste cuando te lo dije?

Dejó de bailar y se puso a mirar a todas partes a ver si le veía.

—¡Qué rabia! —dijo.

Le había partido el corazón, de verdad. Me dio pena. Hay personas a quienes no se debe tomar el pelo aunque se lo merezcan.

Lo más gracioso fue cuando volvimos a la mesa y Marty les dijo a las otras dos que Gary Cooper acababa de salir. ¡Jo! Láveme y Bernice por poco se suicidan cuando lo oyeron. Se pusieron nerviosísimas y le preguntaron a Marty si ella le había visto. Les contestó que sólo de refilón. Por poco suelto la carcajada.

—

Ya casi iban a cerrar, así que les invité a un par de copas y pedí para mí otras dos coca-colas. La mesa estaba atestada de vasos. La fea, Láveme, no paraba de tomarme el pelo porque bebía coca-cola. Tenía un sentido del humor realmente exquisito. Ella y Marty tomaban Tom Collins. ¡Jo! ¡Nada menos que en pleno diciembre! ¡Vaya despiste que tenían las tías! La rubia, Bernice, bebía bourbon con agua — tenía buen saque para el alcohol—, y las tres miraban continuamente a su alrededor buscando actores de cine. Apenas hablaban, ni siquiera entre ellas. La tal Marty era un poco más locuaz que las otras dos, pero decía unas cursiladas horrorosas. Llamaba a los servicios «el cuarto de baño de las niñas» y cuando el pobre carcamal de la orquesta de Buddy Singer se levantó y le atizó al clarinete un par de arremetidas que resultaron heladoras, comentó que aquello sí que era el no va más del jazz caliente. Al clarinete lo llamaba «el palulú». No había por dónde cogerla. La otra fea, Laverne, se creía graciosísima. Me repitió como cincuenta veces que llamara a mi papá para ver qué hacía esa noche y me preguntó también otras cincuenta que si mi padre tenía novia o no. Era ingeniosísima. La tal Bernice, la rubia, apenas despegó los labios. Cada vez que le preguntaba una cosa, contestaba: «¿Qué?» Al final le ponía a uno negro.

En cuanto acabaron de beberse sus copas se levantaron y me dijeron que se iban a la cama, que a la mañana siguiente tenían que levantarse temprano para ir a la primera sesión del Music Hall de Radio City. Traté de convencerlas de que se quedaran un rato más, pero no quisieron. Así que nos despedimos con todas . las historias habituales. Les prometí que no dejaría de ir a verlas si alguna vez iba a Seattle, pero dudo mucho que lo haga. Ir a verlas, no ir a Seattle.

Incluidos los cigarrillos, la cuenta ascendía a trece dólares. Creo que por lo menos debían haberse ofrecido a pagar las copas que habían tomado antes de que yo llegara; no les habría dejado hacerlo, naturalmente, pero hubiera sido un detalle. La verdad es que no me importó. Eran tan ignorantes y llevaban unos sombreros tan cursis y tan tristes, que me dieron pena. Eso de que quisieran levantarse temprano para ver la primera sesión de Radio City me deprimió más todavía. Que una pobre chica con un sombrero cursilísimo venga desde Seattle, Washington, hasta Nueva York, para terminar levantándose temprano y asistir a la primera sesión del Music Hall, es como para deprimir a cualquiera. Les habría invitado a cien copas por cabeza a cambio de que no me hubieran dicho nada.

Me fui del Salón Malva poco después de que ellas salieran. De todos modos estaban cerrando y hacía rato que la orquesta había dejado de tocar. La verdad es que era uno de esos sitios donde no hay quien aguante a menos que vaya con una chica que baile muy bien, o que el camarero le deje a uno tomar alcohol en vez de coca-cola. No hay sala de fiestas en el mundo entero que se pueda soportar mucho tiempo a no ser que pueda uno emborracharse o que vaya con una mujer que le vuelva loco de verdad.

—

Capítulo 11

De pronto, mientras andaba hacia el vestíbulo, me volvió a la cabeza la imagen de Jane Gallaher. La tenía dentro y no podía sacármela. Me senté en un sillón vomitivo que había en el vestíbulo y me puse a pensar en ella y en Stradlater metidos en ese maldito coche de Ed Banky. Aunque estaba seguro de que Stradlater no se la había cepillado —conozco a Jane como la palma de la mano—, no podía dejar de pensar en ella. Era para mí un libro abierto. De verdad. Además de las damas, le gustaban todos los deportes y aquel verano jugamos al tenis casi todas las mañanas y al golf casi todas las tardes. Llegamos a tener bastante intimidad. No me refiero a nada físico —de eso no hubo nada. Lo que quiero decir es que nos veíamos todo el tiempo. Para conocer a una chica no hace falta acostarse con ella.

Nos hicimos amigos porque tenía un Dobermann Pinscher que venía a hacer todos los días sus necesidades a nuestro jardín y a mi madre le ponía furiosa. Un día llamó a la madre de Jane y le armó un escándalo tremendo. Es de esas mujeres que arman escándalos tremendos por cosas así. A los pocos días vi a Jane en el club, tumbada boca abajo junto a la piscina, y le dije hola. Sabía que vivía en la casa de al lado aunque nunca había hablado con ella. Pero cuando aquel día la saludé, ni me contestó siquiera. Me costó un trabajo terrible convencerla de que me importaba un rábano dónde hiciera su perro sus necesidades. Por mi parte podía hacerlas en medio del salón si le daba la gana. Bueno, pues después de aquella conversación, Jane y yo nos hicimos amigos.

Aquella misma tarde jugamos al golf. Recuerdo que perdió ocho bolas. Ocho. Me costó un trabajo horroroso conseguir que no cerrara los ojos cuando le golpeaba a la pelota. Conmigo mejoró muchísimo, de verdad. No es porque yo lo diga, pero juego al golf estupendamente. Si les dijera los puntos que hago ni se lo creerían. Una vez iba a salir en un documental, pero en el último momento me arrepentí. Pensé que si odiaba el cine tanto como creía, era una hipocresía por mi parte dejarles que me sacaran en una película.

Era una chica rara, Jane. No puedo decir que fuera exactamente guapa, pero me volvía loco. Tenía una boca divertidísima, como con vida propia. Quiero decir que cuando estaba hablando y de repente se emocionaba, los labios se le disparaban como en cincuenta direcciones diferentes. Me encantaba. Y nunca la cerraba del todo. Siempre dejaba los labios un poco entreabiertos, especialmente cuando se concentraba en el golf o cuando leía algo que le interesaba. Leía continuamente y siempre libros muy buenos. Le gustaba mucho la poesía. Es a la única persona, aparte de mi familia, a quien he enseñado el guante de Allie con los poemas escritos y todo. No había conocido a Allie porque era el primer verano que pasaban en Maine —antes habían ido a Cape Cod—, pero yo le hablé mucho de él. Le encantaban ese tipo de cosas.

A mi madre no le caía muy bien. No tragaba ni a Jane ni a su madre porque nunca la saludaban. Las veía bastante en el pueblo cuando iban al mercado en un Lasalle descapotable que tenían. No la encontraba guapa siquiera. Yo sí. Vamos, que me gustaba muchísimo, eso es todo.

—

Recuerdo una tarde perfectamente. Fue la única vez que estuvo a punto de pasar algo más serio. Era sábado y llovía a mares. Yo había ido a verla y estábamos en un porche cubierto que tenían a la entrada. Jugábamos a las damas. Yo la tomaba el pelo porque nunca las movía de la fila de atrás. Pero no me metía mucho con ella porque a Jane no podía tomarle el pelo. Me encanta hacerlo con las chicas, pero es curioso que con las que me gustan de verdad, no puedo. A veces me parece que a ellas les gustaría que les tomara el pelo, de hecho lo sé con seguridad, pero es difícil empezar una vez que se las conoce hace tiempo y hasta entonces no se ha hecho. Pero, como iba diciendo, aquella tarde Jane y yo estuvimos a punto de pasar a algo más serio. Estábamos en el porche porque llovía a cántaros, y, de pronto, esa cuba que tenía por padrastro salió a preguntar a Jane si había algún cigarrillo en la casa. No le conocía mucho, pero siempre me había parecido uno de esos tíos que no te dirigen la palabra a menos que te necesiten para algo. Tenía un carácter horroroso. Pero, como iba diciendo, cuando él preguntó si había cigarrillos en la casa, Jane no le contestó siquiera. El tío repitió la pregunta y ella siguió sin contestarle. Ni siquiera levantó la vista del tablero. Al final el padrastro volvió a meterse en la casa. Cuando desapareció le pregunté a Jane qué pasaba. No quiso contestarme tampoco. Hizo como si se estuviera concentrando en el juego y de pronto cayó sobre el tablero una lágrima. En una de las casillas rojas. ¡Jo! ¡Aún me parece que la estoy viendo! Ella la secó con el dedo. No sé por qué, pero me dio una pena terrible. Me senté en el columpio con ella y la obligué a ponerse a mi lado. Prácticamente me senté en sus rodillas. Entonces fue cuando se echó a llorar de verdad, y cuando quise darme cuenta la estaba besando toda la cara, donde fuera, en los ojos, en la nariz, en la frente, en las cejas, en las orejas... en todas partes menos en la boca. No me dejó. Pero aun así aquella fue la vez que estuvimos más cerca de hacer el amor. Al cabo del rato se levantó, se puso un jersey blanco y rojo que me gustaba muchísimo, y nos fuimos a ver una porquería de película. En el camino le pregunté si el señor Cudahy (así era como se llamaba la esponja) había tratado de aprovecharse de ella. Jane era muy joven, pero tenía un tipo estupendo y yo no hubiera puesto la mano en el fuego por aquel hombre. Pero ella me dijo que no. Nunca llegué a saber a ciencia cierta qué puñetas pasaba en aquella casa. Con algunas chicas no hay modo de enterarse de nada.

Pero no quiero que se hagan ustedes la idea de que Jane era una especie de témpano o algo así sólo porque nunca nos besábamos ni nada. Por ejemplo hacíamos manitas todo el tiempo. Comprendo que no parece gran cosa, pero para eso de hacer manitas era estupenda. La mayoría de las chicas, o dejan la mano completamente muerta, o se creen que tienen que moverla todo el rato porque si no vas a aburrirte como una ostra. Con Jane era distinto. En cuanto entrábamos en el cine, empezábamos a hacer manitas y no parábamos hasta que se terminaba la película. Y todo el rato sin cambiar de posición ni darle una importancia tremenda. Con Jane no tenías que preocuparte de si te sudaba la mano o no. Sólo te dabas cuenta de que estabas muy a gusto. De verdad.

De pronto recordé una cosa. Un día, en el cine, Jane hizo algo que me encantó. Estaban poniendo un noticiario o algo así. Sentí una mano en la nuca y era ella. Me hizo muchísima gracia porque era muy joven. La mayoría de las mujeres que hacen eso tienen como veinticinco o treinta años, y generalmente se lo hacen a su marido o a sus hijos. Por ejemplo, yo le acaricio la nuca a mi hermana Phoebe de vez en cuando. Pero cuando lo hace una chica de la edad de Jane, resulta tan gracioso que le deja a uno sin respiración.

En todo eso pensaba mientras seguía sentado en aquel sillón vomitivo del vestíbulo. ¡Jane! Cada vez que me la imaginaba con Stradlater en el coche de Ed Banky me ponía negro. Sabría que no le habría dejado que la tocara, pero, aun así, sólo de pensarlo me volvía loco. No quiero ni hablar del asunto.

—

El vestíbulo estaba ya casi vacío. Hasta las rubias con pinta de putas habían desaparecido y, de pronto, me entraron unas ganas terribles de largarme de allí a toda prisa. Aquello estaba de lo más deprimente. Como, por otra parte, no estaba cansado, subí a la habitación y me puse el abrigo. Me asomé a la ventana para ver si seguían en acción los pervertidos de antes, pero estaban todas las luces apagadas. Así que volví a bajar en el ascensor, cogí un taxi, y le dije al taxista que me llevara a *Ernie.* Es una sala de fiestas adonde solía ir mi hermano D.B. antes de ir a Hollywood a prostituirse. A veces me llevaba con él. Ernie es un negro enorme que toca el piano. Es un snob horroroso y no te dirige la palabra a menos que seas un tipo famoso, o muy importante, o algo así, pero la verdad es que toca el piano como quiere. Es tan bueno que casi no hay quien le aguante. No sé si me entienden lo que quiero decir, pero es la verdad. Me gusta muchísimo oírle, pero a veces le entran a uno ganas de romperle el piano en la cabeza. Debe ser porque sólo por la forma de tocar se le nota que es de esos tíos que no te dirige la palabra a menos que seas un pez gordo.

Capítulo 12

Era un taxi viejísimo que olía como si acabara de vomitar alguien dentro. Siempre me toca uno de ésos cuando voy a algún sitio de noche. Pero más deprimente aún era que las calles estuvieran tan tristes y solitarias a pesar de ser sábado. Apenas se veía a nadie. De vez en cuando cruzaban un hombre y una mujer cogidos por la cintura, o una pandilla de tíos riéndose como hienas de algo que apuesto la cabeza a que no tenía la menor gracia. Nueva York es terrible cuando alguien se ríe de noche. La carcajada se oye a millas y millas de distancia y le hace sentirse a uno aún más triste y deprimido. En el fondo, lo que me hubiera gustado habría sido ir a casa un rato y charlar con Phoebe. Pero, en fin, como les iba diciendo, al poco de subir al taxi, el taxista empezó a darme un poco de conversación. Se llamaba Howitz y era mucho más simpático que el anterior. Por eso se me ocurrió que a lo mejor él sabía lo de los patos.

—Oiga, Howitz —le dije—. ¿Pasa usted mucho junto al lago de Central Park?

—¿Qué?

—El lago, ya sabe. Ese lago pequeño que hay cerca de Central South Park. Donde están los patos. Ya sabe.

—Sí. ¿Qué pasa con ese lago?

—¿Se acuerda de esos patos que hay siempre nadando allí? Sobre todo en la primavera. ¿Sabe usted por casualidad adonde van en invierno?

—Adonde va, ¿quién?

—Los patos. ¿Lo sabe usted por casualidad? ¿Viene alguien a llevárselos a alguna parte en un camión, o se van ellos por su cuenta al sur, o qué hacen?

El tal Howitz volvió la cabeza en redondo para mirarme. Tenía muy poca paciencia, pero no era mala persona.

—¿Cómo quiere que lo sepa? —me dijo—. ¿Cómo quiere que sepa yo una estupidez semejante?

—Bueno, no se enfade usted por eso —le dije.

—

—¿Quién se enfada? Nadie se enfada.

Decidí que si iba a tomarse las cosas tan a pecho, mejor era no hablar. Pero fue él quien sacó de nuevo la conversación. Volvió otra vez la cabeza en redondo y me dijo:

—Los peces son los que no se van a ninguna parte. Los peces se quedan en el lago. Esos sí que no se mueven.

—Pero los peces son diferentes. Lo de los peces es distinto. Yo hablaba de los patos —le dije.

—¿Cómo que es distinto? No veo por qué tiene que ser distinto —dijo Howitz. Hablaba siempre como si estuviera muy enfadado por algo— No irá usted a decirme que el invierno es mejor para los peces que para los patos, ¿no? A ver si pensamos un poco...

Me callé durante un buen rato. Luego le dije:

—Bueno, ¿y qué hacen los peces cuando el lago se hiela y la gente se pone a patinar encima y todo?

Se volvió otra vez a mirarme:

—¿Cómo que qué hacen? Se quedan donde están. ¿No te fastidia?

—No pueden seguir como si nada. Es imposible.

—¿Quién sigue como si nada? Nadie sigue como si nada —dijo Howitz. El tío estaba tan enfadado que me dio miedo de que estrellara el taxi contra una farola—. Viven dentro del hielo, ¿no te fastidia? Es por la naturaleza que tienen ellos. Se quedan helados en la postura que sea para todo el invierno.

—Sí, ¿eh? Y, ¿cómo comen entonces? Si el lago está helado no pueden andar buscando comida ni nada.

—¿Que cómo comen? Pues por el cuerpo. Pero, vamos, parece mentira... Se alimentan a través del cuerpo, de algas y todas esas mierdas que hay en el hielo. Tienen los poros esos abiertos todo el tiempo. Es la naturaleza que tienen ellos. ¿No entiende? —se volvió ciento ochenta grados para mirarme.

—Ya —le dije. Estaba seguro de que íbamos a pegarnos el trastazo. Además se lo tomaba de un modo que así no había forma de discutir con él—. ¿Quiere usted parar en alguna parte y tomar una copa conmigo? —le dije.

No me contestó. Supongo que seguía pensando en los peces, así que le repetí la pregunta. Era un tío bastante decente. La verdad es que era la mar de divertido hablar con él.

—No tengo tiempo para copitas, amigo —me dijo—. Además, ¿cuántos años tiene usted? ¿No debería estar ya en la cama?

—No estoy cansado.

Cuando me dejó a la puerta de *Ernie* y le pagué, aún insistió en lo de los peces. Se notaba que se le había quedado grabado:

—Oiga —me dijo—, si fuéramos peces, la madre naturaleza cuidaría de nosotros. No creerá usted que se mueren todos en cuanto llega el invierno, ¿no?

—No, pero...

—¡Pues entonces! —dijo Howitz, y se largó como un murciélago huyendo del infierno. Era el tío más susceptible que he conocido en mi vida. A lo más mínimo se ponía hecho un energúmeno.

A pesar de ser tan tarde, *Ernie* estaba de bote en bote. Casi todos los que había allí eran chicos de los últimos cursos de secundaria y primeros de universidad. Todos los colegios del mundo dan las vacaciones antes que los colegios adonde voy yo. Estaba tan lleno que apenas pude dejar el abrigo en el guardarropa, pero nadie hablaba porque estaba tocando Ernie. Cuando el tío ponía las manos encima del teclado se callaba todo el mundo como si estuvieran en misa. Tampoco era para tanto. Había tres parejas esperando a que les dieran mesa y los seis se mataban por ponerse de puntillas y estirar el cuello para poder ver a Ernie. Habían colocado un enorme espejo delante del piano y un gran foco dirigido a él para que todo el mundo pudiera verle la cara mientras tocaba. Los dedos no se le veían, pero la cara, eso sí. ¿A quién le importaría la cara? No estoy seguro de qué canción era la que tocaba cuando entré, pero fuera la que fuese la estaba destrozando. En cuanto llegaba a una nota alta empezaba a hacer unos arpegios y unas florituras que daban asco. No se imaginan cómo le aplaudieron cuando acabó. Entraban ganas de vomitar. Se volvían locos. Eran el mismo tipo de cretinos que en el cine se ríen como condenados por cosas que no tienen la menor gracia. Les aseguro que si fuera pianista o actor de cine o algo así, me reventaría que esos imbéciles me consideraran maravilloso. Hasta me molestaría que me aplaudiesen. La gente siempre aplaude cuando no debe. Si yo fuera pianista, creo que tocaría dentro de un armario. Pero, como iba diciendo, cuando acabó de tocar y todos se pusieron a aplaudirle como locos, Ernie se volvió y, sin levantarse del taburete, hizo una reverencia falsísima, como muy humilde. Como si además de tocar el piano como nadie fuera un tío sensacional. Tratándose como se trataba de un snob de primera categoría, la cosa resultaba bastante hipócrita. Pero, en cierto modo, hasta me dio lástima porque creo que él ya no sabe siquiera cuándo toca bien y cuándo no. Y me parece que no es culpa suya del todo. En parte es culpa de esos cretinos que le aplauden como energúmenos. Esa gente es capaz de confundir a cualquiera. Pero, como les iba diciendo, aquello me deprimió tanto que estuve a punto de recoger mi abrigo y volverme al hotel, pero era pronto y no tenía ganas de estar solo.

Al final me dieron una mesa infame pegada a la pared y justo detrás de un poste tremendo que no dejaba ver nada. Era una de esas mesitas tan arrinconadas que si la gente de la mesa de al lado no se levanta para dejarte pasar —y nunca lo hacen— tienes que trepar prácticamente a la silla. Pedí un whisky con soda, que es mi bebida favorita además de los daiquiris bien helados. En Ernie está siempre tan oscuro que serían capaces de servir un whisky a un niño de seis años. Además, allí a nadie le importa un comino la edad que tengas. Puedes inyectarte heroína si te da la gana sin que nadie te diga una palabra.

—

Estaba rodeado de cretinos. En serio. En la mesa de la izquierda, casi encima de mis rodillas, había una pareja con una pinta un poco rara. Eran de mi edad o quizá un poco mayores. Tenía gracia. Se les notaba en seguida que bebían muy despacio la consumición mínima para no tener que pedir otra cosa. Como no tenía nada que hacer, escuché un rato lo que decían. El le hablaba a la chica de un partido de fútbol que había visto aquella misma tarde. Se lo contó con pelos y señales, hasta la última jugada, de verdad. Era el tío más plomo que he oído en mi vida. A su pareja se le notaba que le importaba un rábano el partido, pero como la pobre era tan fea no le quedaba más remedio que tragárselo quieras que no. Las chicas feas de verdad las pasan moradas, las pobres. Me dan mucha pena. A veces no puedo ni mirarlas, sobre todo cuando están con un cretino que les está encajando el rollo de un partido de fútbol. A mi derecha, la conversación era peor todavía. Había un tío al que se le notaba en seguida que era de Yale, vestido con un traje de franela gris y un chaleco de esos amariconados con muchos cuadritos. Todos los cabrones esos de las universidades buenas del Este se parecen unos a otros como gotas de agua. Mi padre quiere que vaya a Yale o a Princeton, pero les juro que prefiero morirme antes que ir a un antro de ésos. Lo que me faltaba. Pero, como les decía, el tipo de Yale iba con una chica guapísima. ¡Jo! ¡Qué guapa era la tía! Pero no se imaginan la conversación que se traían. Para empezar, estaban los dos un poco curdas. El la metía mano por debajo de la mesa al mismo tiempo que le hablaba de un chico de su residencia que se había tomado un frasco entero de aspirinas y casi se había suicidado. La chica repetía: «¡Qué horror! ¡Qué terrible! No, aquí no, cariño. Aquí no, por favor... ¡Qué horror!» ¿Se imaginan a alguien metiendo mano a una chica y contándole un suicidio al mismo tiempo? Era para morirse de risa. De pronto empecé a sentirme como un imbécil sentado allí solo en medio de todo el mundo. No había otra cosa que hacer que fumar y beber. Luego llamé al camarero para que le dijera a Ernie que si quería tomar una copa conmigo, que no se olvidara de decirle que era hermano de D.B. No creo que le dijera nada. Los camareros nunca dan ningún recado a nadie.

De repente se me acercó una chica y me dijo: —¡Holden Caulfield!—. Se llamaba Lillian Simmons y mi hermano D.B. había salido con ella una temporada. Tenía unas tetas de aquí a Lima.

—Hola —le dije. Naturalmente traté de ponerme en pie, pero en aquella mesa no había forma de levantarse. Iba con un oficial de marina que parecía que se había tragado el sable.

—¡Qué maravilloso verte! —dijo Lillian. ¡Qué tía más falsa!— ¿Cómo está tu hermano? —eso era lo que en realidad quería saber.

—Muy bien. Está en Hollywood.

—¿En Hollywood? ¡Qué maravilla! ¿Y qué hace?

—No sé. Escribir —le dije. No tenía ganas de hablarle de eso. Se le notaba que le parecía el no va más eso de que D.B. estuviera en Hollywood. A todo el mundo se lo parece. Sobre todo a la gente que no ha leído sus cuentos. A mí en cambio me pone negro.

—¡Qué maravilla! —dijo Lillian. Luego me presentó al oficial de marina. Se llamaba Comandante Blop o algo así, y era uno de esos tíos que consideran una mariconada no partirle a uno hasta el último dedo cuando le dan la mano. ¡Dios mío, cómo me revientan esas cosas!

—¿Estás solo, cariño? —me preguntó la tal Lillian. Había cortado el paso por ese pasillo, pero se le notaba que era de las que les gusta bloquear el tráfico. Había un camarero esperando a que se apartara, pero ella no se dio ni cuenta. Se notaba que al camarero le caía gorda, que al oficial de marina le caía gorda, que a mí me caía gorda, a todos. En el fondo daba un poco de lástima.

—¿Estás solo? —volvió a preguntarme. Yo seguía de pie y ni siquiera se molestó en decirme que me sentara. Era de las que les gusta tenerle a uno de pie horas enteras—. ¿Verdad que es guapísimo? —le dijo al oficial de marina—. Holden, cada día estás más guapo.

—

El oficial de marina le dijo que a ver si acababa de una vez, que estaba bloqueando el tráfico.

—Vente con nosotros, Holden —dijo Lillian—. Tráete tu vaso.

—Me iba en este momento —le dije—. He quedado con un amigo.

Se le notaba que quería quedar bien conmigo para que luego yo se lo contara a D.B.

—Está bien, desagradecido. Como tú quieras. Cuando veas a tu hermano, dile que le odio.

Al final se fue. El oficial de marina y yo nos dijimos que estábamos encantados de habernos conocido, que es una cosa que me fastidia muchísimo. Me paso el día entero diciendo que estoy encantado de haberlas conocido a personas que me importan un comino. Pero supongo que si uno quiere seguir viviendo, tiene que decir tonterías de esas.

Después de repetirle a Lillian que tenía que ver a un amigo, no me quedaba más remedio que largarme. No podía quedarme a ver si, por alguna casualidad, Ernie tocaba algo pasablemente. Pero cualquier cosa antes que quedarme allí en la mesa de la tal Lillian y el comandante de marina a aburrirme como una ostra. Así que me fui. Mientras me ponía el abrigo sentí una rabia terrible. La gente siempre le fastidia a uno las cosas.

Capítulo 13

Volví al hotel andando. Cuarenta manzanas como cuarenta soles. No lo hice porque me apeteciera caminar, sino porque no quería pasarme la noche entera entrando y saliendo de taxis. A veces se cansa uno de ir en taxi tanto como de ir en ascensor. De pronto te entra una necesidad enorme de utilizar las piernas, sea cual sea la distancia o el número de escalones. Cuando era pequeño, subía andando a nuestro apartamento muy a menudo. Y son doce pisos.

No se notaba nada que había nevado. Apenas quedaba nieve en las aceras, pero en cambio hacía un frío de espanto, así que saqué del bolsillo la gorra de caza roja y me la puse. No me importaba tener un aspecto rarísimo. Hasta bajé las orejeras. No saben cómo me acordé en aquel momento del tío que me había birlado los guantes en Pencey, porque las manos se me helaban de frío. Aunque estoy seguro de que si hubiera sabido quién era el ladrón no le habría hecho nada tampoco. Soy un tipo bastante cobarde. Trato de que no se me note, pero la verdad es que lo soy. Por ejemplo, si hubiera sabido quién me había robado los guantes, probablemente habría ido a la habitación del ladrón y le habría dicho: «¡Venga! ¿Me das mis guantes, o qué?»., El otro me hubiera preguntado con una voz muy inocente: «¿Qué guantes?».

—

Yo habría ido entonces al armario y habría encontrado los guantes escondidos en alguna parte, dentro de unas botas de lluvia por ejemplo. Los hubiera sacado, se los habría enseñado, y le habría dicho: «Supongo que éstos son tuyos, ¿no?» El ladrón me habría mirado otra vez con una expresión muy inocente y me habría dicho: «No los he visto en mi vida. Si son tuyos puedes llevártelos. Yo no los quiero para nada.» Probablemente me habría quedado allí como cinco minutos con los guantes en la mano sabiendo que lo que tenía que hacer era romperle al tío la cara. Hasta el último hueso, vamos. Sólo que no habría tenido agallas para hacerlo. Me habría quedado de pie, mirándole con cara de duro de película y luego le habría dicho algo muy ingenioso, muy agudo. Lo malo es que , si le hubiera dicho algo así, el ladrón seguramente se habría levantado y me habría dicho: «Oye, Caulfield, ¿me estás llamando ladrón?», y yo, en lugar de responderle: «Naturalmente», probablemente le habría dicho: «Todo lo que sé es que tenías mis guantes dentro de tus botas de lluvia.» El chico habría pensado que no iba a atizarle y se me habría encarado: «Oye, pongamos las cosas en claro. ¿Me estás llamando ladrón?», y yo probablemente le habría contestado: «Nadie te llama nada. Todo lo que sé es que mis guantes estaban dentro de tus botas de lluvia», y así podría haber repetido lo mismo durante horas. Al final habría salido de la habitación sin pegarle un puñetazo siquiera. Habría bajado a los lavabos, habría encendido un cigarrillo y luego me habría mirado al espejo poniendo cara de duro. Esto es lo que iba pensando camino del hotel. De verdad que no tiene ninguna gracia ser cobarde. Aunque quizá yo no sea tan cobarde. No lo sé. Creo que además de ser un poco cobarde, en el fondo lo que me pasa es que me importa un pimiento que me roben los guantes.

Una de las cosas malas que tengo es que nunca me ha importado perder nada. Cuando era niño, mi madre se enfadaba mucho conmigo. Hay tíos que se pasan días enteros buscando todo lo que pierden. A mí nada me importa lo bastante como para pasarme una hora buscándolo. Quizá por eso sea un poco cobarde. Aunque no es excusa, de verdad. No se debe ser cobarde en absoluto, ni poco ni mucho. Si llega el momento de romperle a uno la cara, hay que hacerlo. Lo que me pasa es que yo no sirvo para esas cosas. Prefiero tirar a un tío por la ventana o cortarle la cabeza a hachazos, que pegarle un puñetazo en la mandíbula. Me revientan los puñetazos. No me importa que me aticen de vez en cuando —aunque, naturalmente, tampoco me vuelve loco—, pero si se trata de una pelea a puñetazos lo que más me asusta es ver la cara del otro tío. Eso es lo malo. No me importaría pelear si tuviera los ojos vendados. Sé que es un tipo de cobardía bastante raro, la verdad, pero aun así es cobardía. No crean que me engaño.

Cuanto más pensaba en los guantes y en lo cobarde que era, más deprimido me sentía, así que decidí parar a beber algo en cualquier parte. En *Ernie* sólo había tomado tres copas, y la última ni la había terminado. Para eso del alcohol tengo un aguante bárbaro. Puedo beber toda la noche si me da la gana sin que se me note absolutamente nada. Una vez, cuando estaba en el Colegio Whooton, un chico que se llamaba Raymond Goldfarb y yo nos compramos una pinta de whisky un sábado por la noche y nos la bebimos en la capilla para que no nos vieran. El acabó como una cuba, pero a mí ni se me notaba. Sólo estaba así como muy despegado de todo, muy frío. Antes de irme a la cama vomité, pero no porque tuviera que hacerlo. Me forcé un poco.

Pero, como iba diciendo, antes de volver al hotel pensé entrar en un bar que encontré en el camino y que era bastante cochambroso, pero en el momento en que abría la puerta salieron un par de tíos completamente curdas y me preguntaron si sabía dónde estaba el metro. Uno de ellos que tenía pinta de cubano, me echó un alientazo apestoso en la cara mientras les daba las indicaciones. Decidí no entrar en aquel tugurio y me volví al hotel.

El vestíbulo estaba completamente vacío y olía como a cincuenta millones de colillas. En serio. No tenía sueño pero me sentía muy mal. De lo más deprimido. Casi deseaba estar muerto. Y, de pronto, sin comerlo ni beberlo, me metí en un lío horroroso.

No hago más que entrar en el ascensor, y el ascensorista va y me pregunta:

—¿Le interesa pasar un buen rato, jefe? ¿O es demasiado tarde para usted?

—¿A qué se refiere? —le dije. No sabía adonde iba a ir a parar.

—¿Le interesa, o no?

—¿A quién? ¿A mí? —reconozco que fue una respuesta bastante estúpida, pero es que da vergüenza que un tío le pregunte a uno a bocajarro una cosa así.

—¿Cuántos años tiene, jefe? —dijo el ascensorista.

—¿Por qué? —le dije—. Veintidós.

—Entonces, ¿qué dice? ¿Le interesa? Cinco dólares por un polvo y quince por toda la noche —dijo mirando su reloj de pulsera—. Hasta el mediodía. Cinco dólares por un polvo, quince toda la noche.

—Bueno —le dije. Iba en contra de mis principios, pero me sentía tan deprimido que no lo pensé. Eso es lo malo de estar tan deprimido. Que no puede uno ni pensar.

—Bueno, ¿qué? ¿Un polvo o hasta el mediodía? Tiene que decidirlo ahora.

—Un polvo.

—De acuerdo. ¿Cuál es el número de su habitación?

Miré la placa roja que colgaba de la llave.

—Mil doscientos veintidós —le dije. Empezaba a arrepentirme de haberle dicho que sí, pero ya era tarde para volverse atrás.

—Bien. Le mandaré a una chica dentro de un cuarto de hora.

Abrió las puertas del ascensor y salí.

—Oiga, ¿es guapa? —le pregunté—. No quiero ningún vejestorio.

—No es ningún vejestorio. Por eso no se preocupe, jefe.

—¿A quién le pago?

—A ella —dijo—. Hasta la vista, jefe.

Y me cerró la puerta en las narices.

Me fui a mi habitación y me mojé un poco el pelo, pero no hay forma de peinarlo cuando lo lleva uno cortado al cepillo. Luego miré a ver si me olía mal la boca por todos los cigarrillos que había fumado aquel día y por las copas que me había tomado en «Ernie». No hay más que ponerse la mano debajo de la barbilla y echarse el aliento hacia la nariz. No me olía muy mal, pero de todas formas me lavé los dientes. Luego me puse una camisa limpia. Ya sé que no hace falta ponerse de punta en blanco para acostarse con una prostituta, pero así tenía algo que hacer para entretenerme. Estaba un poco nervioso. Empezaba también a excitarme, pero sobre todo tenía los nervios de punta. Si he de serles sincero les diré que soy virgen. De verdad. He tenido unas cuantas ocasiones de perder la virginidad, pero nunca he llegado a conseguirlo. Siempre en el último momento, ocurría alguna cosa. Por ejemplo, los padres de la chica volvían a casa, o me entraba miedo de que lo hicieran. Si iba en el asiento posterior de un coche, siempre tenía que ir en el delantero alguien que no hacía más que volverse a ver qué pasaba. En fin, que siempre ocurría alguna cosa. Un par de veces estuve a punto de conseguirlo. Recuerdo una vez en particular, pero pasó algo también, no me acuerdo qué. Casi siempre, cuando ya estás a punto, la chica, que no es prostituta ni nada, te dice que no. Y yo soy tan tonto que la hago caso. La mayoría de los chicos hacen como si no oyeran, pero yo no puedo evitar hacerles caso. Nunca se sabe si es verdad que quieren que pares, o si es que tienen miedo, o si te lo dicen para que si lo haces la culpa luego sea tuya y no de ellas. No sé, pero el caso es que yo me paro. Lo que pasa es que me dan pena. La mayoría son tan tontas, las pobres... En cuanto se pasa un rato con ellas, empiezan a perder pie. Y cuando una chica se excita de verdad pierde completamente la cabeza. No sé, pero a mí me dicen que pare, y paro. Después, cuando las llevo a su casa, me arrepiento de haberlo hecho, pero a la próxima vez hago lo mismo.

Pero, como les iba diciendo, mientras me abrochaba la camisa pensé que aquella vez era mi oportunidad. Se me ocurrió que estaba muy bien eso de practicar con una prostituta por si luego me casaba y todo ese rollo. A veces me preocupan mucho esas cosas. En el Colegio Whooton leí una vez un libro sobre un tío muy elegante y muy sexy. Se llamaba Monsieur Blanchard. Todavía me acuerdo. El libro era horrible, pero el tal Monsieur Blanchard me caía muy bien. Tenía un castillo en la Riviera y en sus ratos libres se dedicaba a sacudirse a las mujeres de encima con una porra. Era lo que se dice un libertino, pero todas se volvían locas por él. En un capítulo del libro decía que el cuerpo de la mujer es como un violín y que hay que ser muy buen músico para arrancarle las mejores notas. Era un libro cursilísimo, pero tengo que confesar que lo del violín se me quedó grabado. Por eso quería tener un poco de práctica por si luego me casaba. ¡Caulfield y su violín mágico! ¡Jo! ¡Es una chorrada, lo admito, pero no tanto como parece! No me importaría nada ser muy bueno para esas cosas. La verdad es que la mitad de las veces cuando estoy con una chica no se imaginan lo que tardo en encontrar lo que busco. No sé si me entienden. Por ejemplo, esa chica de que acabo de hablarles, ésa que por poco me acuesto con ella. Tardé como una hora en quitarle el sostén. Cuando al fin lo conseguí, ella estaba a punto de escupirme en un ojo.

Pero, como les iba diciendo, me puse a pasear por toda la habitación esperando a que apareciera la tal prostituta. Ojalá fuera guapa. Aunque la verdad es que en el fondo me daba igual. Lo importante era pasar el trago cuanto antes. Por fin llamaron a la puerta y cuando iba a abrir tropecé con la maleta que tenía en medio del cuarto y por poco me rompo la crisma. Siempre elijo el momento más oportuno para tropezar con las maletas.

Cuando abrí la puerta vi a la prostituta de pie en el pasillo. Llevaba un chaquetón muy largo y no se había puesto sombrero. Tenía el pelo medio rubio, pero se le notaba que era teñido. Era muy joven.

—

—¿Cómo está usted? —le dije con un tono muy fino. ¡Jo!

—¿Eres tú el tipo de que me ha hablado Maurice? —me preguntó. No parecía muy simpática.

—¿El ascensorista?

—Sí —dijo.

—Sí, soy yo. Pase, ¿quiere? —le dije. Conforme pasaba el tiempo me iba tranquilizando un poco.

Entró, se quitó el chaquetón y lo tiró sobre la cama. Llevaba un vestido verde. Luego se sentó en una silla que había delante del escritorio y empezó a balancear el pie en el aire. Cruzó las piernas y siguió moviendo el pie. Para ser prostituta estaba la mar de nerviosa. De verdad. Creo que porque era jovencísima. Tenía más o menos mi edad. Me senté en un sillón a su lado y le ofrecí un cigarrillo.

—No fumo —me dijo. Tenía un hilito de voz. Apenas se le oía. Nunca daba las gracias cuando uno le ofrecía alguna cosa. La pobre no sabía. Era una ignorante.

—Permítame que me presente. Me llamo Jim Steele —le dije.

—¿Llevas reloj? —me contestó. Naturalmente le importaba un cuerno cómo me llamara—. Oye, ¿cuántos años tienes?

—¿Yo? Veintidós.

—¡Menuda trola!

Me hizo gracia. Hablaba como una cría. Yo esperaba que una prostituta diría algo así como «¡Menos guasas!» o «¡Déjate de leches!», pero eso de «¡Menuda trola!»...

—Y tú, ¿cuántos años tienes? —le pregunté.

—Los suficientes para no chuparme el dedo —me dijo. Era ingeniosísima la tía—. ¿Llevas reloj? —me preguntó de nuevo. Luego se puso de pie y empezó a sacarse el vestido por la cabeza.

De pronto empecé a notar una sensación rara. Iba todo demasiado rápido. Supongo que cuando una mujer se pone de pie y empieza a desnudarse, uno tiene que sentirse de golpe de lo más cachondo. Pues yo no. Lo que sentí fue una depresión horrible.

—¿Llevas reloj?

—No, no llevo —le dije. ¡Jo! ¡No me sentía poco raro!

—¿Cómo te llamas? —le pregunté. No llevaba más que una combinación de color rosa. Aquello era de lo más desairado. De verdad.

—Sunny —me dijo—. Venga, a ver si acabamos.

—¿No te apetece hablar un rato? —le pregunté. Comprendo que fue una tontería, pero es que me sentía rarísimo—. ¿Tienes mucha prisa?

Me miró como si estuviera loco de remate.

—¿De qué demonios quieres que hablemos? —me dijo.

—De nada. De nada en especial. Sólo que pensé que a lo mejor te apetecía charlar un ratito.

Volvió a sentarse en la silla que había junto al escritorio. Se le notaba que estaba ¡furiosa. Volvió también a balancear el pie en el aire. ¡Jo! ¡No era poco nerviosa la tía!

—¿Te apetece un cigarrillo ahora? —le dije. Me había olvidado de que no fumaba.

—No fumo. Oye, si quieres hablar, date prisa. Tengo mucho que hacer.

De pronto no se me ocurrió nada que decirle. Lo que me apetecía saber era por qué se había metido a prostituta y todas esas cosas, pero me dio miedo preguntárselo. Probablemente no me lo hubiera dicho.

—No eres de Nueva York, ¿verdad? —le pregunté finalmente. No se me ocurrió nada mejor.

—Soy de Hollywood —me dijo. Luego se acercó adonde había dejado el vestido—. ¿Tienes una percha? No quiero que se me arrugue. Acabo de recogerlo del tinte.

—Claro —le dije. Estaba encantado de poder hacer algo. Llevé el vestido al armario y se lo colgué. Tuvo gracia porque cuando lo hice me entró una pena tremenda. Me la imaginé yendo a la tienda y comprándose el vestido sin que nadie supiera que era prostituta ni nada. El dependiente probablemente pensaría que era una chica como las demás. Me dio una tristeza horrible, no sé por qué.

Volví a sentarme y traté de animar un poco la conversación. La verdad es que aquella mujer era una tumba:

—

—¿Trabajas todas las noches? —le dije. Sonaba horrible, pero no me di cuenta hasta que se lo pregunté.

—Sí.

Había empezado a pasearse por la habitación. Cogió el menú del escritorio y lo leyó.

—¿Qué haces durante el día?

Se encogió de hombros. Estaba muy delgada:

—Duermo. O voy al cine —dejó el menú y me miró—. Bueno, ¿qué? No tengo toda la...

—Verás —le dije—. No me encuentro bien. He pasado muy mala noche. De verdad. Te pagaré pero no te importará si no lo hacemos, ¿no? ¿Te molesta?

La verdad es que no tenía ninguna gana de acostarme con ella. Estaba mucho más triste que excitado. Era todo deprimentísimo, sobre todo ese vestido verde colgando de su percha. Además no creo que pueda acostarme nunca con una chica que se pasa el día entero en el cine. No creo que pueda jamás.

Se me acercó con una expresión muy rara en la cara, como si no me creyera.

—¿Qué te pasa? —me dijo.

—No me pasa nada. —¡Jo! ¡No me estaba poniendo poco nervioso!—. Es sólo que me han operado hace poco.

—Sí, ¿eh? ¿De qué?

—Del... ¿cómo se llama? Del clavicordio.

—¿Sí? ¿Y qué es eso?

—¿El clavicordio? —le dije—. Verás, es como si fuera la espina dorsal. Está al final de la columna vertebral.

—¡Vaya! —me dijo—. ¡Qué mala suerte!

Luego se me sentó en las rodillas:

—Eres muy guapo —me dijo.

Me puse tan nervioso que seguí mintiendo como loco.

—Todavía no me he recuperado de la operación —le dije.

—Te pareces a un actor de cine. ¿Sabes cuál digo? ¿Cómo se llama?

—No lo sé —le dije. No había forma humana de que se levantara.

—Claro que lo sabes. Salía en una película de Melvin Douglas. El que hacía de hermano pequeño. El que se cae de la barca. Seguro que sabes cuál es.

—No. Voy al cine lo menos posible.

De pronto se puso a hacer unas cosas muy raras, unas groserías horrorosas.

—¿Te importaría dejarme en paz? —le dije—. No tengo ganas. Acabo de decírtelo. Me han operado hace poco.

No se levantó, pero me echó una mirada asesina.

—Oye —me dijo—. Estaba durmiendo cuando ese cretino de Maurice me despertó para que viniera. Si crees que voy a...

—Te he dicho que te pagaré y voy a hacerlo. Tengo mucho dinero. Pero es que me estoy recuperando de una operación y...

—Entonces, ¿para qué le dijiste a Maurice que te mandara una chica a tu habitación si te acababan de operar del...? ¿Cómo se llama eso?

—Creí que estaba mejor de lo que estoy. Me equivoqué en mis cálculos. Me he precipitado, de verdad. Lo siento. Si te levantas un momento, iré a buscar mi cartera.

Estaba furiosísima, pero se levantó para dejarme ir a coger el dinero. Saqué de la cartera un billete de cinco dólares y se lo di.

—Gracias —le dije—. Un millón de gracias.

—Me has dado cinco y son diez.

Iba a ponerse pesada. La veía venir. Me lo estaba temiendo hacía rato, de verdad.

—Maurice dijo cinco —le contesté—. Dijo que quince hasta el mediodía y cinco por un polvo.

—Diez por un polvo.

—Dijo cinco. Lo siento muchísimo, pero no pienso soltar un céntimo más.

Se encogió de hombros como había hecho antes y luego dijo muy fríamente:

—¿Te importaría darme mi vestido, o es demasiada molestia?

—

Daba miedo la tía. A pesar de la vocecita que tenía. Si hubiera sido una prostituta vieja con dos dedos de maquillaje en la cara, no habría dado tanto miedo.

Me levanté y le di el vestido. Se lo puso y luego recogió el chaquetón que había dejado sobre la cama.

—Adiós, pelagatos —dijo.

—Adiós —le contesté. No le di las gracias ni nada. Y luego me alegré de no habérselas dado.

Capítulo 14

Cuando Sunny se fue me quedé sentado un rato en el sillón mientras me fumaba un par de cigarrillos. Empezaba a amanecer. ¡Jo! ¡Qué triste me sentía! No se imaginan lo deprimido que estaba. De pronto empecé a hablar con Allie en voz alta. Es una cosa que suelo hacer cuando me encuentro muy deprimido. Le digo que vaya a casa a recoger su bicicleta y que me espere delante del jardín de Bobby Fallón. Bobby era un chico que vivía muy cerca de nuestro chalet en Maine, pero de eso hace ya muchos años. Una vez, Bobby y yo íbamos a ir al Lago Sedebego en bicicleta. Pensábamos llevarnos la comida y una escopeta de aire comprimido. Éramos unos críos y pensábamos que con eso podríamos cazar algo. Allie nos oyó y quiso venir con nosotros, pero yo le dije que era muy pequeño. Así que ahora, cuando me siento muy deprimido, le digo: «Bueno, anda. Ve a recoger la bici y espérame delante de la casa de Bobby. Date prisa.» No crean que no le dejaba venir nunca conmigo. Casi siempre nos acompañaba. Pero aquel día no le dejé. El no se enfadó —nunca se enfadaba por nada—, pero siempre me viene ese recuerdo a la memoria cuando me da la depresión.

—

Al final me desnudé y me metí en la cama. Tenía ganas de rezar o algo así, pero no pude hacerlo. Nunca puedo rezar cuando quiero. En primer lugar porque soy un poco ateo. Jesucristo me cae bien, pero con el resto de la Biblia no puedo. Esos discípulos, por ejemplo. Si quieren que les diga la verdad no les tengo ninguna simpatía. Cuando Jesucristo murió no se portaron tan mal, pero lo que es mientras estuvo vivo, le ayudaron como un tiro en la cabeza. Siempre le dejaban más solo que la una. Creo que son los que menos trago de toda la Biblia. Si quieren que les diga la verdad, el tío que me cae mejor de todo el Evangelio, además de Jesucristo, es ese lunático que vivía entre las tumbas y se hacía heridas con las piedras. Me cae mil veces mejor que los discípulos. Cuando estaba en el Colegio Whooton solía hablar mucho de todo esto con un chico que tenía su habitación en el mismo pasillo que yo y que se llamaba Arthur Childs. Era cuáquero y leía constantemente la Biblia, Aunque era muy buena persona nunca estábamos de acuerdo sobre esas cosas, especialmente sobre los discípulos. Me decía que si no me gustaban es que tampoco me gustaba Jesucristo. Decía que como El los había elegido, tenían que caerte bien por fuerza. Yo le contestaba que claro que El los había elegido, pero que los había elegido al aliguí, que Cristo no tenía tiempo de ir por ahí analizando a la gente. Le decía que no era culpa de Jesucristo, que no era culpa suya si no tenía tiempo para nada. Recuerdo que una vez le pregunté a Childs si creía que Judas, el traidor, había ido al infierno. Childs me dijo que naturalmente que lo creía. Ese era exactamente el tipo de cosas sobre el que nunca coincidía con él. Le dije que apostaría mil dólares a que Cristo no había mandado a Judas al infierno, y hoy los seguiría apostando si los tuviera. Estoy seguro de que cualquiera de los discípulos hubiera mandado a Judas al infierno —y a todo correr—, pero Cristo no. Childs me dijo que lo que me pasaba es que nunca iba a la iglesia ni nada. Y en eso tenía razón. Nunca voy. En primer lugar porque mis padres son de religiones diferentes y todos sus hijos somos ateos. Si quieren que les diga la verdad, no aguanto a los curas. Todos los capellanes de los colegios donde he estudiado sacaban unas vocecitas de lo más hipócrita cuando nos echaban un sermón. No veo por qué no pueden predicar con una voz corriente y normal. Suena de lo más falso.

Pero, como les iba diciendo, cuando me metí en la cama se me ocurrió rezar, pero no pude. Cada vez que empezaba se me venía a la cabeza la cara de Sunny llamándome pelagatos. Al final me senté en la cama y me fumé otro cigarrillo. Sabía a demonios. Desde que había salido de Pencey debía haberme liquidado como dos cajetillas.

De pronto, mientras estaba allí fumando, llamaron a la puerta. Pensé que a lo mejor se habían equivocado, pero en el fondo estaba seguro de que no. No sé por qué, pero lo sabía. Y además sabía quién era. Soy adivino.

—¿Quién es? —pregunté. Tenía bastante miedo. Para esas cosas soy muy cobarde.

Volvieron a llamar. Más fuerte.

Al final me levanté de la cama y tal como estaba, sólo con el pijama, entreabrí la puerta. No tuve que dar la luz porque ya era de día. En el pasillo esperaban Sunny y Maurice, el chulo del ascensor.

—¿Qué pasa? ¿Qué quieren? —dije. ¡Jo! ¡Cómo me temblaba la voz!

—Nada de importancia —dijo Maurice—. Sólo cinco dólares.

El hablaba por los dos. La tal Sunny se limitaba a estar allí, a su lado, con la boca entreabierta.

—Ya le he pagado. Le he dado cinco dólares. Pregúnteselo a ella —le dije. ¡Jo! ¡Cómo me temblaba la voz!

—Son diez dólares, jefe. Ya se lo dije. Diez por un polvo, quince hasta el mediodía. Se lo dije bien clarito.

—No es verdad. Cinco por un polvo. Dijo que quince hasta el mediodía, pero...

—Abra, jefe.

—¿Para qué? —le dije. ¡Dios mío! Me latía el corazón como si fuera a escapárseme del pecho. Al menos me habría gustado estar vestido. Es horrible estar en pijama en medio de una cosa así.

—¡Vamos, jefe! —dijo Maurice. Luego me dio un empujón con toda la manaza. Tenía tanta fuerza el muy hijoputa que por poco me caigo sentado. Cuando quise darme cuenta, él y la tal Sunny se habían colado en mi habitación. Andaban por allí como Pedro por su casa. Sunny se sentó en el alféizar de la ventana. Maurice se hundió en un sillón y se desabrochó el botón del cuello —aún llevaba el uniforme de ascensorista—. ¡Jo, yo estaba con los nervios desatados!

—¡Venga, jefe! Suelte ya la tela que tengo que volver al trabajo.

—Ya se lo he dicho diez veces. No le debo nada. Le pagué los cinco dólares...

—¡Déjese de historias! ¡Vamos, largue la pasta!

—¿Por qué tengo que darles otros cinco dólares? —le dije. Apenas podía hablar—. Lo que quieren es timarme.

El tal Maurice se desabrochó la librea. Debajo no llevaba más que un cuello postizo. Tenía un estómago enorme y muy peludo.

—Nadie está tratando de timarle —dijo—. Vamos, la pasta, jefe.

—No.

Cuando lo dije se levantó del sillón y se acercó a mí. Parecía como muy cansado o muy aburrido. ¡Jo! ¡No me llegaba la camisa al cuerpo! Recuerdo que tenía los brazos cruzados. Si no me hubieran pillado en pijama, no me habría sentido tan mal.

—La tela, jefe.

Se acercó aún más. Parecía un disco rayado, el tío.

—La tela, jefe —era un tarado.

—No.

—Va a obligarme a forzar las cosas, jefe. No quería, pero me parece que no va a quedarme otro remedio —me dijo—. Nos debe cinco dólares.

—No les debo nada —le dije—. Y si me atiza gritaré como un demonio. Despertaré a todo el hotel. Incluida la policía —¡cómo me temblaba la voz!

—Adelante. Por mí puede gritar hasta desgañitarse. Haga lo que usted quiera —dijo Maurice—. Pero, ¿quiere que se enteren sus padres de que ha pasado la noche con una puta? ¿Un niño bien como usted? —el tío no era tonto. Cabrón, sí, pero lo que es de tonto no tenía un pelo.

—Déjeme en paz. Si me hubiera dicho diez desde el principio, se los daría, pero usted dijo claramente...

—¿Nos lo da o no? —Me tenía acorralado contra la puerta y estaba prácticamente echado encima de mí, con estómago peludo y todo.

—Déjenme en paz y lárguense de mi habitación —les dije. Seguía como un imbécil con los brazos cruzados.

De pronto Sunny habló por primera vez:

—Oye, Maurice. ¿Quieres que le coja la cartera? —le preguntó—. La tiene encima del mueble ése.

—Sí, cógela.

—¡No toque esa cartera!

—Ya la tengo —dijo Sunny. Me paseó cinco dólares por delante de las narices—. ¿Lo ves? No he sacado más que los cinco que me debes. No soy una ladrona.

De repente me eché a llorar. Hubiera dado cualquier cosa por no hacerlo, pero lo hice.

—No, no son ladrones. Sólo roban cinco dólares.

—¡Cállate! —dijo Maurice y me dio un empujón.

—¡Déjale en paz! —dijo Sunny—. ¡Vámonos! Ya tenemos lo que me debía. Venga, vámonos.

—Ya voy —dijo Maurice, pero el caso es que no se iba.

—Vamos, Maurice, déjale ya.

—¿Quién le está haciendo nada? —dijo con una voz tan inocente como un niño. Lo que hizo después fue pegarme bien fuerte en el pijama. No les diré dónde me dio, pero me dolió muchísimo. Le dije que era un cerdo y un tarado.

—

—¿Cómo has dicho? —dijo. Luego se puso una mano detrás de la oreja como si estuviera sordo—. ¿Cómo has dicho? ¿Qué has dicho que soy?

Yo seguía medio llorando de furia y de lo nervioso que estaba.

—Que es un cerdo y un tarado —le grité—. Un cretino, un timador y un tarado, y en un par de años será uno de esos pordioseros que se le acercan a uno en la calle para pedirle para un café. Llevará un abrigo raído y estará más...

Entonces fue cuando me atizó de verdad. No traté siquiera de esquivarle, ni de agacharme, ni de nada. Sólo sentí un tremendo puñetazo en el estómago.

Sé que no perdí el sentido porque recuerdo que levanté la vista, y les vi salir a los dos de la habitación y cerrar la puerta tras ellos. Luego me quedé un rato en el suelo, más o menos como había hecho cuando lo de Stradlater. Sólo que esta vez de verdad creí que me moría. En serio. Era como si fuera a ahogarme. No podía ni respirar. Cuando al fin me levanté, tuve que ir al baño doblado por la cintura y sujetándome el estómago.

Pero les juro que estoy completamente loco. A medio camino, empecé a hacer como si me hubieran encajado un disparo en el vientre. Mauricio me había pegado un tiro. Y yo iba al baño a atizarme un lingotazo de whisky para calmarme los nervios y entrar en acción. Me imaginé saliendo de la habitación con paso vacilante, completamente vestido y con el revólver en el bolsillo. Bajaría por las escaleras en vez de tomar el ascensor. Iría bien aferrado al pasamanos, con un hilillo de sangre chorreando de la comisura de los labios. Bajaría unos cuantos pisos —abrazado a mi estómago y dejando un horrible rastro de sangre—, y luego llamaría al ascensor. Cuando Maurice abriera las puertas me encontraría esperándole, con el revólver en la mano. Comenzaría a suplicarme con voz temblorosa, de cobarde, para que le perdonara. Pero yo dispararía sin piedad. Seis tiros directos al estómago gordo y peludo. Luego arrojaría el arma al hueco del ascensor —una vez limpias las huellas— y volvería arrastrándome hasta mi habitación. Llamaría a Jane para que viniera a vendarme las heridas. Me la imaginé perfectamente, sosteniendo entre los dedos un cigarrillo para que yo fumara mientras sangraba como un valiente.

¡Maldito cine! Puede amargarle a uno la vida. De verdad.

Me di un baño como de una hora, y luego volví a la cama. Me costó mucho dormirme porque ni siquiera estaba cansado, pero al fin lo conseguí. Lo único que de verdad tenía ganas de hacer era suicidarme. Me hubiera gustado tirarme por la ventana, y creo que lo habría hecho de haber estado seguro de que iban a cubrir mi cadáver en seguida. Me habría reventado que un montón de imbéciles se pararan allí a mirarme mientras yo estaba hecho un Cristo.

Capítulo 15

No debí dormir mucho porque eran como las diez cuando me desperté. En cuanto me fumé un cigarrillo sentí hambre. No había tomado nada desde las hamburguesas que había

—

comido con Brossard y con Ackley cuando fuimos a Agerstown para ir al cine. Y desde entonces había pasado mucho tiempo. Como cincuenta años. Había un teléfono en la mesilla y estuve a punto de llamar para que me subieran el desayuno, pero de pronto se me ocurrió que a lo mejor me lo mandaban con el tal Maurice. Como no me seducía la idea de verle de nuevo, me quedé en la cama un rato más y fumé otro cigarrillo. Pensé en llamar a Jane para ver si estaba ya en casa, pero no me encontraba muy en vena.

Lo que hice en cambio fue llamar a Sally Hayes. Sabía que estaba de vacaciones porque iba al colegio Mary Woodruff y porque me lo había dicho en una carta. No es que me volviera loco, pero la conocía hacía años. Antes yo era tan tonto que la consideraba inteligente porque sabía bastante de literatura y de teatro, y cuando alguien sabe de esas cosas cuesta mucho trabajo llegar a averiguar si es estúpido o no. En el caso de Sally me llevó años enteros darme cuenta de que lo era: Creo que lo hubiera sabido mucho antes si no hubiéramos pasado tanto tiempo besándonos y metiéndonos mano. Lo malo que yo tengo es que siempre tengo que pensar que la chica a la que estoy besando es inteligente. Ya sé que no tiene nada que ver una cosa con otra, pero no puedo evitarlo. No hay manera.

Pero como les iba diciendo, al final me decidí a llamarla. Primero contestó la criada. Luego su padre. Al final se puso ella.

—¿Sally? —le dije.

—Sí. ¿Quién es? —preguntó. ¡Qué falsa era la tía! Sabía perfectamente que era yo porque acababa de decírselo su padre.

—Holden Caulfield. ¿Cómo estás?

—Hola, Holden. Muy bien, ¿y tú?

—Bien también. Pero, dime, ¿cómo te va? ¿Qué tal por el colegio?

—Muy bien —me dijo—. Como siempre, ya sabes...

—Estupendo. Oye, ¿tienes algo que hacer hoy? Es domingo, pero siempre habrá alguna función de teatro por la tarde. De esas benéficas, ya sabes. ¿Te gustaría que fuéramos?

—Muchísimo. Es una idea encantadora.

Encantadora. Si hay una palabra que odio, es ésa. Suena de lo más hipócrita. Se me pasó por la cabeza decirle que se olvidara del asunto, pero seguimos hablando un poco. Mejor dicho, siguió hablando ella. No había forma de encajar una palabra ni de canto. Primero me habló de un tipo de Harvard que, según ella, no la dejaba ni a sol ni a sombra. Seguro que era del primer curso, pero eso se lo calló, claro. Me dijo que la llamaba día y noche. ¡Día y noche! ¡Menuda cursilería! Luego me habló de otro, un cadete de West Point, que también estaba loco por ella. ¡El rollazo que me dio! Le dije que estaría debajo del reloj del Biltmore a las dos en punto y que no llegara tarde porque la función empezaría seguramente a las dos y media. Siempre llegaba con una hora de retraso. Luego colgué. La tal Sally me daba cien patadas pero había que reconocer que era muy guapa.

Después de hablar por teléfono, me levanté, me vestí y cerré la maleta. Antes de salir miré por la ventana a ver qué hacían los pervertidos, pero tenían todas las persianas echadas. Se ve que durante el día les daba por lo decente. Luego bajé al vestíbulo en ascensor y pagué la cuenta. El Maurice de marras había desaparecido el muy cerdo. Naturalmente tampoco me maté a buscarle.

—

Al salir del hotel cogí un taxi, aunque no tenía ni la más remota idea de adonde ir. La verdad es que no sabía qué hacer. Era domingo y no podía volver a casa hasta el miércoles, o, por lo menos, hasta el martes. No tenía ninguna gana de meterme en otro hotel a que ' me machacaran los sesos, así que le dije al taxista que me llevara a la estación Grand Central, que estaba muy cerca del Biltmore, donde había quedado con Sally. Pensé que lo mejor sería dejar las maletas en la consigna y después ir a desayunar. Estaba hambriento. En el taxi saqué la cartera y conté el dinero que me quedaba. No recuerdo cuánto era exactamente, pero, desde luego, no una fortuna. En dos semanas me había gastado un dineral. De verdad. Soy un manirroto horrible. Y lo que no gasto, lo pierdo. Muchísimas veces hasta me olvido de recoger el cambio en los restaurantes, y en las salas de fiestas, y sitios así. A mis padres les saca de quicio y con razón. Pero papá tiene mucho dinero. No sé cuánto gana — nunca me lo ha dicho—, pero me imagino que mucho. Es abogado de empresa y los tíos que se dedican a eso se forran. Además, debe tener bastante pasta porque siempre está interviniendo en obras de teatro de Broadway. Todas acaban en unos fracasos horribles y mi madre se lleva unos disgustos de miedo. Desde que murió Allie no anda muy bien de salud. Está siempre muy nerviosa. Por eso me preocupaba que me hubieran echado otra vez.

Después de dejar las maletas en la estación, entré en un bar a desayunar. En comparación con lo que suelo tomar por las mañanas, aquel día comí muchísimo: zumo de naranja, huevos con jamón, tostada y café. Por lo general sólo tomo un zumo. Como muy poco. De verdad. Por eso estoy tan delgado. El médico me había dicho que tenía que hacer un régimen especial de mucho carbohidrato y porquerías de esas para engordar, pero yo nunca le hacía caso. Cuando no como en casa, generalmente tomo a mediodía un sandwich de queso y un batido. No es mucho, ya sé, pero el batido tiene un montón de vitaminas. H. V. Caulfield, así deberían llamarme. Holden Vitaminas Caulfield.

Mientras me comía los huevos, entraron dos monjas y se sentaron en la barra a mi lado. Supongo que se mudaban de un convento a otro y estaban esperando el tren. No sabían dónde dejar sus maletas que eran de esas baratas como de cartón. Ya sé que no hay que dar importancia a esas cosas, pero no aguanto las maletas baratas. Reconozco que es horrible, pero puedo llegar a odiar a una persona sólo porque lleve una maleta de ésas. Una vez, cuando estaba en Elkton Hills, tuve por compañero de cuarto una temporada a un tal Dick Slagle. Tenía unas maletas horribles y las escondía debajo de la cama en vez de ponerlas encima de la red para que nadie las comparara con las mías. Aquello me deprimía tanto que hubiera preferido tirar mis maletas o hasta cambiarlas por las suyas. Me las había comprado mi madre en Mark Cross; eran de piel auténtica y supongo que le habían costado una fortuna. Pero la cosa tuvo gracia. No se imaginan lo que ocurrió. Un día las metí debajo de la cama para que no le dieran a Slagle complejo de inferioridad. Pues verán lo que hizo él. Al día siguiente las sacó y volvió a ponerlas en la red. Al final caí en la cuenta de que lo había hecho para que todos creyeran que eran las suyas. De verdad. Para todo ese tipo de cosas Slagle era un tipo rarísimo. Por ejemplo, siempre se estaba metiendo conmigo y diciéndome que tenía unas maletas muy burguesas. Esa era su palabra favorita. Se ve que la había oído o leído en algún sitio. Todo lo que yo tenía era burgués. Hasta la pluma estilográfica. Me la pedía prestada todo el tiempo, pero decía que era burguesa. Sólo fuimos compañeros de cuarto dos meses. Los dos pedimos que nos cambiaran. Y lo más gracioso es que cuando lo hicieron me arrepentí, porque Slagle tenía un sentido del humor estupendo y a veces lo pasábamos muy bien. Y no me sorprendería saber que él también me echó de menos. Al principio cuando me llamaba burgués y todas esas cosas se notaba que lo decía en broma y no me molestaba. Hasta lo encontraba gracioso. Pero después me di cuenta de que empezaba a decirlo en serio. Lo cierto es que resulta muy difícil compartir la habitación con un

—

tío que tiene unas maletas mucho peores que las tuyas. Lo natural sería que a una persona inteligente y con sentido del humor le importaran un rábano ese tipo de cosas, pero resulta que no es así. Resulta que sí importa. Por eso prefería compartir el cuarto con un cabrón como Stradlater que al menos tenía unas maletas tan caras como las mías.

Pero, como les iba diciendo, las dos monjas se sentaron a desayunar en la barra y charlamos un rato. Llevaban unas cestas de paja como las que sacan en Navidad las mujeres del Ejército de Salvación cuando se ponen a pedir dinero por las esquinas y delante de los grandes almacenes, sobre todo por la Quinta Avenida. A la que estaba al lado mío se le cayó la cesta al suelo y yo me agaché a recogérsela. Le pregunté si iban pidiendo para los pobres o algo así. Me dijo que no, que es que no les habían cabido en la maleta cuando hicieron el equipaje y por eso tenían que llevarlas en la mano. Cuando te miraba sonreía con una expresión muy simpática. Tenía una nariz muy grande y llevaba unas gafas de esas con montura de metal que no favorecen nada, pero parecía la mar de amable.

—Se lo decía porque si estaban haciendo una colecta —le dije—, iba a hacer una pequeña contribución. Si quiere le doy el dinero y usted lo guarda hasta que lo necesiten.

—¡Qué amable es usted! —me dijo. La otra, su amiga, me miró. Leía un librito negro mientras se tomaba el café. Por las pastas parecía una Biblia, pero era más delgadito. Desde luego, debía ser un libro religioso. No tomaban más que un café y una tostada. Eso me deprimió muchísimo. No puedo comerme un par de huevos con jamón cuando a mi lado hay una persona que no puede tomar más que un café y una tostada. No querían aceptar los diez dólares que les di. Me preguntaron si estaba seguro de que podía deshacerme de tanto dinero. Les dije que llevaba muchísimo encima, pero me parece que no me creyeron. Al final lo cogieron. Me dieron las gracias tantas veces que me dio vergüenza. Para cambiar de conversación les pregunté adonde iban. Me dijeron que eran maestras, que acababan de llegar de Chicago y que iban a enseñar en un convento de la Calle 168 ó 186, no sé, una calle de esas que están en el quinto infierno. La que se había sentado a mi lado, la de las gafas de montura de metal, me dijo que ella daba Literatura y su amiga Historia. De pronto, como un imbécil que soy, se me ocurrió qué pensaría siendo monja de algunos de los libros que tendrían que leer en clase. No precisamente verdes, pero sí de esos que son de amor y de cosas de ésas. Me pregunté qué pensaría de Eustacia Vye, por ejemplo, la protagonista de *La vuelta del indígena,* de Thomas Hardy. No es que fuera un libro muy fuerte, pero sentí curiosidad por saber qué le parecería a una monja Eustacia Vye. Claro, no se lo pregunté. Sólo les dije que la literatura era lo que se me daba mejor.

—¿De verdad? ¡Cuánto me alegro! —dijo la de las gafas—. ¿Y qué han leído este curso? Me interesa mucho saberlo.

La verdad es que era muy simpática.

—Pues verá, hemos pasado casi todo el semestre con literatura medieval, Beowulf, y Grendel, y Lord Randal... todas esas cosas. Pero fuera de clase teníamos que leer otros libros para mejorar la nota. Yo he leído, por ejemplo, *La vuelta del indígena,* de Thomas Hardy, y *Romeo y Julieta,* y...

—¡*Romeo y Julieta*! ¡Qué bonito! ¿Verdad que es precioso? —la verdad es que no parecía una monja.

—

—Sí, claro. Me gustó muchísimo. Algunas cosas no me convencieron del todo, pero en general me emocionó mucho.

—¿Qué es lo que no le gustó? ¿Se acuerda?

La verdad es que me daba un poco de vergüenza hablar de *Romeo y Julieta* con ella. Hay partes en que la obra se pone un poco verde y, después de todo, era una monja, pero en fin, al fin y al cabo la que lo había preguntado era ella, así que hablamos de eso un rato.

—Verá, los que no me acaban de gustar son Romeo y Julieta —le dije—, bueno, me gustan, pero no sé... A veces se ponen un poco pesados. Me da mucha más pena cuando matan a Mercucio que cuando los matan a ellos. La verdad es que Romeo empezó a caerme mal desde que mata a Mercucio ese otro hombre, el primo de Julieta, ¿cómo se llama?

—Tibaldo.

—Eso, Tibaldo —siempre se me olvida ese nombre—. Se muere por culpa de Romeo. Mercucio es el que me cae mejor de toda la obra. No sé, todos esos Montescos y Capuletos son buena gente, sobre todo Julieta, pero Mercucio... no sé cómo explicárselo... Es listísimo y además muy gracioso. La verdad es que siempre me revienta que maten a alguien por culpa de otra persona, sobre todo cuando ese alguien es tan listo como él. Ya sé que también mueren al final Romeo y Julieta, pero en su caso fue por culpa suya. Sabían muy bien lo que se hacían.

—¿A qué colegio va? —me preguntó. Probablemente quería cambiar de tema.

Le conteste que a Pencey y me dijo que había oído hablar de él y que decían que era muy bueno. Yo lo dejé correr. De pronto, la otra, la que daba Historia, le dijo que tenían que darse prisa. Cogí el ticket para invitarlas, pero no me dejaron. La de las gafas me obligó a devolvérselo.

—Ha sido muy generoso con nosotras —me dijo—. Es usted muy amable.

Era una mujer simpatiquísima. Me recordaba un poco a la madre de Ernest Morrow, la que conocí en el tren. Sobre todo cuando sonreía.

—Hemos pasado un rato muy agradable —me dijo.

Le contesté que yo también lo había pasado muy bien y era verdad. Y lo habría pasado mucho mejor si no me hubiera estado temiendo todo el rato que de pronto me preguntaran si era católico. Los católicos siempre quieren enterarse de si los demás lo son también o no. A mí me lo preguntan todo el tiempo porque mi apellido es irlandés, y la mayoría de los americanos de origen irlandés son católicos. La verdad es que mi padre lo fue hasta que se casó con mi madre. Pero hay gente que te lo pregunta aunque no sepa siquiera cómo te llamas. Cuando estaba en el Colegio Whooton conocí a un chico que se llamaba Louis Gorman. Fue el primero con quien hablé allí. Estábamos sentados uno junto al otro en la puerta de la enfermería esperando para el reconocimiento médico y nos pusimos a hablar de tenis. Nos gustaba muchísimo a los dos. Me dijo que todos los veranos iba a ver los campeonatos nacionales de Forest Hills. Como yo también los veía siempre, nos pasamos un buen rato hablando de jugadores famosos. Para la edad que tenía sabía mucho de tenis. De pronto, en medio de la conversación, me preguntó:

—¿Sabes por casualidad dónde está la iglesia católica de este pueblo?

—

Por el tono de la pregunta se le notaba que lo que quería era averiguar si yo era católico o no. De verdad. No es que fuera un fanático ni nada, pero quería saberlo. Lo estaba pasando muy bien hablando de tenis, pero se le notaba que lo habría pasado mucho mejor si yo hubiera sido de la misma religión que él. Todo eso me fastidia muchísimo. Y no es que la pregunta acabara con la conversación, claro que no, pero tampoco contribuyó a animarla, desde luego. Por eso me alegré de que aquellas dos monjas no me hicieran lo mismo. No habría pasado nada, pero probablemente hubiera sido distinto. No crean que critico a los católicos. Estoy casi seguro de que si yo lo fuera haría exactamente lo mismo. En cierto modo, es como lo que les decía antes sobre las maletas baratas. Todo lo que quiero decir es que la pregunta de aquel chico no contribuyó precisamente a animar la charla. Y nada más.

Cuando las dos monjas se levantaron, hice una cosa muy estúpida que luego me dio mucha vergüenza. Como estaba fumando, cuando me despedí de ellas me hice un lío y les eché todo el humo en la cara. No fue a propósito, claro, pero el caso es que lo hice. Me disculpé muchas veces y ellas estuvieron simpatiquísimas, pero aun así no saben la vergüenza que pasé.

Cuando se fueron me dio pena no haberles dado más que diez dólares, pero había quedado en llevar a Sally al teatro y aún tenía que sacar las entradas y todo. De todos modos lo sentí. ¡Maldito dinero! Siempre acaba amargándole a uno la vida.

Capítulo 16

Cuando terminé de desayunar eran sólo las doce. Como no había quedado con Sally hasta las dos, me fui a dar un paseo. No se me iban de la cabeza aquellas dos monjas. No podía dejar de pensar en aquella cesta tan vieja con la que iban pidiendo por las calles cuando no estaban enseñando. Traté de imaginar a mi madre, o a mi tía, o a la madre de Sally Hayes —que está completamente loca— recogiendo dinero para los pobres a la puerta de unos grandes almacenes con una de aquellas cestas. Era casi imposible imaginárselo. Mi madre no tanto, pero lo que es las otras dos... Mi tía hace muchas obras de caridad —trabaja de voluntaria para la Cruz Roja y todo eso—, pero va siempre muy bien vestida,; y cuando tiene que ir a alguna cosa así se pone de punta en blanco y con un montón de maquillaje. No creo que quisiera pedir para una institución de caridad si tuviera que ponerse un traje negro y llevar la cara lavada. Y en cuanto a la madre de Sally, ¡Dios mío!, sólo saldría por ahí con una cesta si cada tío que hiciera una contribución se comprometiera a besarle primero los pies.

Si se limitaran a echar el dinero en la cesta y largarse sin decir palabra, no duraría ni un minuto. Se aburriría como una ostra. Le encajaría la cestita a otra y ella se iría a comer a un restaurante de moda. Eso es lo que me gustaba de esas monjas. Se veía que nunca iban a comer a un restaurante caro. De pronto me dio mucha pena pensar que jamás pisaban un sitio elegante. Ya sé que la cosa no es como para suicidarse, pero, aun así, me dio lástima.

—

Decidí ir hacia Broadway porque sí y porque hacía años que no pasaba por allí. Además quería ver si encontraba una tienda de discos abierta. Quería comprarle a Phoebe uno que se llamaba *Litíle Shirley Beans.* Era muy difícil de encontrar. Tenía una canción de una niña que no quiere salir de casa porque se le han caído dos dientes de delante y le da vergüenza que la vean. Lo había oído en Pencey. Lo tenía un compañero mío y quise comprárselo porque sabía que a mi hermana le gustaría muchísimo, pero el tío no quiso vendérmelo. Era una grabación formidable que había hecho hacía como veinte años esa cantante negra que se llamaba Estelle Fletcher. Lo cantaba con ritmo de jazz y un poco a lo puta. Cantado por una blanca habría resultado empalagosísimo, pero la tal Estelle Fletcher sabía muy bien lo que se hacía. Era uno de los mejores discos que había oído en mi vida. Decidí comprarlo en cualquier tienda que abriera los domingos y llevármelo después a Central Park. Phoebe suele ir a patinar al parque casi todos los días de fiesta y sabía más o menos dónde podía encontrarla.

No hacía tanto frío como el día anterior, pero seguía nublado y no apetecía mucho andar. Por suerte había una cosa agradable. Delante de mí iba una familia que se notaba que acaba de salir de la iglesia. Eran el padre, la madre, y un niño como de seis años. Se veía que no tenían mucho dinero. El padre llevaba un sombrero de esos color gris perla que se encasquetan los pobres cuando quieren dar el golpe. El y la mujer iban hablando mientras andaban sin hacer ni caso del niño. El crío era graciosísimo. Iba por la calzada en vez de por la acera, pero siguiendo el bordillo. Trataba de andar en línea recta como suelen hacer los niños, y tarareaba y cantaba todo el tiempo. Me acerqué a ver qué decía y era esa canción que va: «Si un cuerpo coge a otro cuerpo, cuando van entre el centeno.» Tenía una voz muy bonita y cantaba porque le salía del alma, se le notaba. Los coches pasaban rozándole a toda velocidad, los frenos chirriaban a su alrededor, pero sus padres seguían hablando como si tal cosa. Y él seguía caminando junto al bordillo y cantando: «Si un cuerpo coge a otro cuerpo, cuando van entre el centeno.» Aquel niño me hizo sentirme mucho mejor. Se me fue toda la depresión.

—

Broadway estaba atestado de gente y había una confusión horrorosa. Era domingo y sólo las doce del mediodía, pero ya estaba de bote en bote. Iban todos al cine, al Paramount, o al Strand, o al Capitol, a cualquiera de esos sitios absurdos. Se habían puesto de punta en blanco porque era domingo y eso lo hacía todo aún peor. Pero lo que ya no aguantaba es que se les notaba que estaban deseando llegar al cine. No podía ni mirarlos. Comprendo que alguien vaya al cine cuando no tiene nada mejor que hacer, pero cuando veo a la gente deseando ir y hasta andando más deprisa para llegar cuanto antes, me deprimo muchísimo. Sobre todo cuando hay millones y millones de personas haciendo colas larguísimas que dan la vuelta a toda la manzana, esperando con una paciencia infinita a que les den una butaca. ¡Jo! ¡No me di poca prisa en salir de Broadway! Tuve suerte. En la primera tienda que entré tenían el disco que buscaba. Me cobraron cinco dólares por él, porque era una grabación muy difícil de encontrar, pero no me importó. ¡Jo! ¡Qué contento me puse de repente! Estaba deseando llegar al parque para dárselo a Phoebe.

Cuando salí de la tienda de discos, pasé por delante de una cafetería. Se me ocurrió llamar a Jane para ver si había llegado ya a Nueva York, y entré a ver si tenían teléfono público. Lo malo es que contestó su madre y tuve que colgar. No quería tener que hablar con ella media hora. No me vuelve loco la idea de hablar con las madres de mis amigas, pero reconozco que debí preguntarle al menos si Jane estaba ya de vacaciones. No me habría pasado nada por eso, pero es que no tenía ganas. Para esas cosas hay que estar en vena.

Aún no había sacado las entradas, así que compré un periódico y me puse a leer la cartelera. Como era domingo sólo había tres teatros abiertos. Me decidí por una obra que se llamaba *Conozco a mi amor* y compré dos butacas. Era una función benéfica o algo así. Yo no tenía el menor interés en verla, pero como conocía a Sally y sabía que se moría por esas cosas, pensé que se derretiría cuando le dijera que íbamos a ver eso, sobre todo porque trabajaban los Lunt. Le encantan ese tipo de comedias irónicas y como muy finas. El tipo de obra que hacen siempre los Lunt. A mí no. Si quieren que les diga la verdad, para empezar no me gusta mucho el teatro. Lo prefiero al cine, desde luego, pero tampoco me vuelve loco. Los actores me revientan. Nunca actúan como gente de verdad, aunque ellos se creen que sí. Los buenos a veces parecen un poco personas reales, pero nunca lo pasa uno bien del todo mirándoles. En cuanto un actor es bueno, en seguida se le nota que lo sabe y eso lo estropea todo. Es lo que pasa con Sir Lawrence Olivier, por ejemplo. El año pasado D.B. nos llevó a Phoebe y a mí a que le viéramos en *Hamlet*. Nos invitó a comer y luego al cine. El había visto ya la película y, por lo que nos dijo durante la comida, se le notaba que estaba deseando volver a verla. Pero a mí no me gustó. Yo no encuentro a Lawrence Olivier tan maravilloso, de verdad. Reconozco que es muy guapo, que tiene una voz muy bonita y que da gusto verle cuando se bate con alguien o algo así, pero no se parecía en nada a Hamlet tal como D.B. me lo había descrito siempre. En vez de un loco melancólico parecía un general de división. Lo que más me gustó de toda la película fue cuando el hermano de Ofelia —el que al final se bate con Hamlet— va a irse, y su padre le da un montón de consejos mientras Ofelia se pone a hacer el payaso y a sacarle la daga de la funda mientras el pobre chico trata de concentrarse en las tontadas que le está diciendo su padre. Esa parte sí que está bien. Pero dura sólo un ratito. Lo que más le gustó a Phoebe es cuando Hamlet le da unas palmaditas al perro en la cabeza. Le pareció muy gracioso y tenía razón. Lo que tengo que hacer es leer *Hamlet*. Es un

—

rollo tenerse que leer las obras uno mismo, pero es que en cuanto un actor empieza a representar, ya no puedo ni escucharlo. Me obsesiona la idea de que de pronto va a salir con un gesto falsísimo.

Después de sacar las entradas tomé un taxi hasta el parque. Debí coger el metro porque se me estaba acabando la pasta, pero quería salir de Broadway lo antes posible.

El parque estaba que daba asco. No es que hiciera mucho frío pero estaba muy nublado. No se veían más que plastas de perro, y escupitajos, y colillas que habían tirado los viejos. Los bancos estaban tan mojados que no se podía sentar uno en ellos. Era tan deprimente que de vez en cuando se le ponía a uno la carne de gallina. No parecía que Navidad estuviera tan cerca. En realidad no parecía que estuviera cerca nada. Pero seguí andando en dirección al Mall porque allí es donde suele ir Phoebe los domingos. Le gusta patinar cerca del quiosco de la música. Tiene gracia porque allí era también donde me gustaba patinar a mí cuando era chico.

Pero cuando llegué, no la vi por ninguna parte. Había unos cuantos críos patinando y otros dos jugando a la pelota, pero de Phoebe ni rastro. En un banco vi a una niña de su edad ajustándose los patines. Pensé que a lo mejor la conocía y podía decirme dónde estaba, así que me senté a su lado y le pregunté:

—¿Conoces a Phoebe Caulfield?

—¿A quién? —dijo. Llevaba unos pantalones vaqueros y como veinte jerseys. Se notaba que se los había hecho su madre porque estaban todos llenos de bollos y con el punto desigual.

—Phoebe Caulfield. Vive en la calle 71. Está en el cuarto grado...

—¿Tú la conoces?

—Soy su hermano. ¿Sabes dónde está?

—Es de la clase de la señorita Calloun, ¿verdad?

—No lo sé. Sí, creo que sí.

—Entonces debe estar en el museo. Nosotros fuimos el sábado pasado.

—¿Qué museo?

Se encogió de hombros

—No lo sé —dijo—. El museo.

—Pero, ¿el museo de cuadros o el museo donde están los indios?

—El de los indios.

—Gracias —le dije. Me levanté y estaba a punto de irme cuando recordé que era domingo.

—Es domingo —le dije a la niña.

Me miró y me dijo:

—Es verdad. Entonces no.

No podía ajustarse el patín. No llevaba guantes ni nada y tenía las manos rojas y heladas. La ayudé. ¡Jo! Hacía años que no cogía una llave de ajustar patines. No saben lo que sudé. Si hace algo así como un siglo me hubieran puesto un cacharro de esos en la mano en medio de la oscuridad, habría sabido perfectamente qué hacer con él. Cuando acabé de ajustárselo me dio las gracias. Era una niña muy mona y muy bien educada. Da gusto ayudar a una niña así. Y la mayoría son como ella. De verdad. Le pregunté si quería tomar una taza de chocolate conmigo y me dijo que no. Que muchas gracias, pero que había quedado con una amiga. Los críos siempre quedan a todas horas con sus amigos. Son un caso.

—

A pesar de la lluvia, y a pesar de que era domingo y sabía que no iba a encontrar a Phoebe allí, atravesé todo el parque para ir al Museo de Historia Natural. Sabía que era ése al que se refería la niña del patín. Me lo sabía de memoria. De pequeño había ido al mismo colegio que Phoebe y nos llevaban a verlo todo el tiempo. Teníamos una profesora que se llamaba la señorita Aigletinger y que nos hacía ir allí todos los sábados. Unas veces íbamos a ver los animales y otras las cosas que habían hecho los indios. Cacharros de cerámica, cestos y cosas así. Cuando me acuerdo de todo aquello me animo muchísimo. Después de visitar las salas, solíamos ver una película en el auditorio. Una de Colón. Siempre nos lo enseñaban descubriendo América y sudando tinta para convencer a la tal Isabel y al tal Fernando de que le prestaran la pasta para comprar los barcos. Luego venía lo de los marineros amotinándose y todo eso. A nadie le importaba un pito Colón, pero siempre llevábamos en los bolsillos un montón de caramelos y de chicles, y además dentro del auditorio olía muy bien. Olía siempre como si en la calle estuviera lloviendo y aquél fuera el único sitio seco y acogedor del mundo entero. ¡Cuánto me gustaba aquel museo! Para ir al auditorio había que atravesar la Sala India. Era muy, muy larga y allí había que hablar siempre en voz baja. La profesora entraba la primera y luego la clase entera. Íbamos en fila doble, cada uno con su compañero. Yo solía ir de pareja con una niña que se llamaba Gertrude Lavine. Se empeñaba en darle a uno la mano y siempre la tenía toda sudada o pegajosa. El suelo era de piedra y si llevabas canicas en la mano y las soltabas todas de golpe, botaban todas armando un escándalo horroroso. La profesora paraba entonces a toda la clase y se acercaba a ver qué pasaba. Pero la señorita Aigletinger nunca se enfadaba. Luego pasábamos junto a una canoa india que era tan larga como tres Cadillacs puestos uno detrás de otro, con sus veinte indios a bordo, unos remando y otros sólo de pie, con cara de muy pocos amigos toda llena de pinturas de guerra. Al final de la canoa había un tío con una máscara que daba la mar de miedo. Era el hechicero. Se me ponían los pelos de punta, pero aun así me gustaba. Si al pasar tocabas un remo o cualquier cosa, uno de los celadores te decía: «No toquéis, niños», pero muy amable, no como un policía ni nada. Luego venía una vitrina muy grande con unos indios dentro que estaban frotando palitos para hacer fuego y una *squaw* tejiendo una manta. La india estaba inclinada hacia adelante y se la veía el pecho. Todos mirábamos al pasar, hasta las chicas, porque éramos todos muy críos y ellas eran tan lisas como nosotros. Luego, justo antes de llegar al auditorio, había un esquimal. Estaba pescando en un lago a través de un agujero que había hecho en el hielo. Junto al agujero había dos peces que ya había pescado. ¡Jo! Ese museo estaba lleno de vitrinas. En el piso de arriba había muchas más, con ciervos que bebían en charcas y pájaros que emigraban al sur para pasar allí el invierno. Los que había más cerca del cristal estaban disecados y colgaban de alambres, y los de atrás estaban pintados en la pared, pero parecía que todos iban volando de verdad y si te agachabas y les mirabas desde abajo, creías que iban muy deprisa. Pero lo que más me gustaba de aquel museo era que todo estaba siempre en el mismo sitio. No cambiaba nada. Podías ir cien mil veces distintas y el esquimal seguía pescando, y los pájaros seguían volando hacia el sur, y los ciervos seguían bebiendo en las charcas con esas patas tan finas y tan bonitas que tenían, y la india del pecho al aire seguía tejiendo su manta. Nada cambiaba. Lo único que cambiaba era uno mismo. No es que fueras mucho mayor. No era exactamente eso. Sólo que eras diferente. Eso es todo. Llevabas un abrigo distinto, o tu compañera tenía escarlatina, o la señorita Aigletinger no había podido venir y nos llevaba una sustituta, o aquella mañana habías oído a tus padres pelearse en el baño, o acababas de pasar en la calle junto a uno de esos charcos llenos del arco iris de la gasolina. Vamos, que siempre pasaba algo que te hacía diferente. No puedo explicar muy bien lo que quiero decir. Y aunque pudiera, creo que no querría.

—

Saqué la gorra de casa del bolsillo y me la puse. Sabía que no iba a encontrarme con nadie conocido y la humedad era terrible. Mientras seguía andando pensé que Phoebe iba a ese museo todos los sábados como había ido yo. Pensé que vería las mismas cosas que yo había visto, y que sería distinta cada vez que fuera. Y no es que la idea me deprimiera, pero tampoco me puso como unas castañuelas. Hay cosas que no deberían cambiar, cosas que uno debería poder meter en una de esas vitrinas de cristal y dejarlas allí tranquilas. Sé que es imposible, pero es una pena. En fin, eso es lo que pensaba mientras andaba.

Pasé por un rincón del parque en que había juegos para niños y me paré a mirar a un par de críos subidos en un balancín. Uno de ellos estaba muy gordo y puse la mano en el extremo donde estaba el delgado para equilibrar un poco el peso, pero como noté que no les hacía ninguna gracia, me fui y les dejé en paz.

Luego me pasó una cosa muy curiosa. Cuando llegué a la puerta del museo, de pronto sentí que no habría entrado allí ni por un millón de dólares. Después de haber atravesado todo el parque pensando en él, no me apetecía nada entrar. Probablemente lo habría hecho si hubiera estado seguro de que iba a encontrar a Phoebe dentro, pero sabía que no estaba. Así que tomé un taxi y me fui al Biltmore. La verdad es que no tenía ninguna gana de ir, pero como había hecho la estupidez de invitar a Sally, no me quedaba más remedio.

Capítulo 17

Era aún muy pronto cuando llegué, así que decidí sentarme debajo del reloj en uno de aquellos sillones de cuero que había en el vestíbulo. En muchos colegios estaban ya de vacaciones y había como un millón de chicas esperando a su pareja: chicas con las piernas cruzadas, chicas con las piernas sin cruzar, chicas con piernas preciosas, chicas con piernas horrorosas, chicas que parecían estupendas, y chicas que debían ser unas brujas si de verdad se las llegaba a conocer bien. Era un bonito panorama, pero no sé si me entenderán lo que quiero decir. Aunque por otra parte era también bastante deprimente porque uno no podía dejar de preguntarse qué sería de todas ellas. Me refiero a cuando salieran del colegio y la universidad. La mayoría se casarían con cretinos, tipos de esos que se pasan el día hablando de cuántos kilómetros pueden sacarle a un litro de gasolina, tipos que se enfadan como niños cuando pierden al golf o a algún juego tan estúpido como el ping-pong, tipos mala gente de verdad, tipos que en su vida han leído un libro, tipos aburridos... Pero con eso de los aburridos hay que tener mucho cuidado. Es mucho más complejo de lo que parece. De verdad. Cuando estaba en Elkton Hills tuve durante dos meses como compañero de cuarto a un chico que se llamaba Harris Macklin. Era muy inteligente, pero también el tío más plomo que he conocido en mi vida. Tenía una voz chillona y se pasaba el día hablando. No paraba, y lo peor era que nunca decía nada que pudiera interesarle a uno. Sólo sabía hacer una cosa. Silbaba estupendamente. Mientras hacía la cama o colgaba sus cosas en el armario —cosa que hacía continuamente—, si no hablaba como una máquina, siempre se ponía a silbar.

—

A veces le daba por lo clásico, pero por lo general era algo de jazz. Cogía una canción como por ejemplo *Tin Roof Blues* y la silbaba tan bien y tan suavecito —mientras colgaba sus cosas en el armario—, que daba gusto oírle. Naturalmente nunca se lo dije. Uno no se acerca a un tío de sopetón para decirle, «silbas estupendamente». Pero si le aguanté como compañero de cuarto durante dos meses a pesar del latazo que era, fue porque silbaba tan bien, mejor que ninguna otra persona que haya conocido jamás. Así que hay que tener un poco de cuidado con eso. Quizá no haya que tener tanta lástima a las chicas que se casan con tipos aburridos. Por lo general no hacen daño a nadie y puede que hasta silben estupendamente. Quién sabe. Yo desde luego no.

Al fin vi a Sally que bajaba por las escaleras y me acerqué a recibirla. Estaba guapísima. De verdad. Llevaba un abrigo negro y una especie de boina del mismo color. No solía ponerse nunca sombrero pero aquella gorra le sentaba estupendamente. En el momento en que la vi me entraron ganas de casarme con ella. Estoy loco de remate. Ni siquiera me gustaba mucho, pero nada más verla me enamoré locamente. Les juro que estoy chiflado. Lo reconozco.

—¡Holden! —me dijo—. ¡Qué alegría! Hace siglos que no nos veíamos —tenía una de esas voces atipladas que le dan a uno mucha vergüenza. Podía permitírselo porque era muy guapa, pero aun así daba cien patadas.

—Yo también me alegro de verte —le dije. Y era verdad—. ¿Cómo estás?

—Maravillosamente. ¿Llego tarde?

Le dije que no, aunque la verdad es que se había retrasado diez minutos. Pero no me importaba. Todos esos chistes del *Saturday Evening Post* en que aparecen unos tíos esperando en las esquinas furiosos porque no llega su novia, son tonterías. Si la chica es guapa, ¿a quién le importa que llegue tarde? Cuando aparece se le olvida a uno en seguida.

—Tenemos que darnos prisa —le dije—. La función empieza a las dos cuarenta.

Bajamos en dirección a la parada de taxis.

—¿Qué vamos a ver? —me dijo.

—No sé. A los Lunt. No he podido conseguir entradas para otra cosa.

—¡Qué maravilla!

Ya les dije que se volvería loca cuando supiera que íbamos a ver a los Lunt.

En el taxi que nos llevaba al teatro nos besamos un poco. Al principio ella no quería porque llevaba los labios pintados, pero estuve tan seductor que al final no le quedó más remedio. Dos veces el imbécil del taxista frenó en seco en un semáforo y por poco me caigo del asiento. Podían fijarse un poco en lo que hacen, esos tíos. Luego —y eso les demostrará lo chiflado que estoy—, en el momento en que acabábamos de darnos un largo abrazo, le dije que la quería. Era mentira, desde luego, pero en aquel momento estaba convencido de que era verdad. Se lo juro.

—Yo también te quiero —me dijo ella. Y luego, sin interrupción—. Prométeme que te dejarás crecer el pelo. Al cepillo ya es hortera. Lo tienes tan bonito...

¿Bonito mi pelo? ¡Un cuerno!

—

La representación no estuvo tan mal como yo esperaba, pero tampoco fue ninguna maravilla. La comedia trataba de unos quinientos mil años en la vida de una pareja. Empieza cuando son jóvenes y los padres de la chica no quieren que se case con el chico, pero ella no les hace caso. Luego se van haciendo cada vez más mayores. El marido se va a la guerra y la mujer tiene un hermano que es un borracho. No lograba compenetrarme con ellos. Quiero decir que no sentía nada cuando se moría uno de la familia. Se notaba que eran sólo actores representando. El marido y la mujer eran bastante simpáticos —muy ingeniosos y eso—, pero no había forma de interesarse por ellos. En parte porque se pasaban la obra entera bebiendo té. Cada vez que salían a escena, venía un mayordomo y les plantaba la bandeja delante, o la mujer le servía una taza a alguien. Y a cada momento entraba o salía alguien en escena. Se mareaba uno de tanto ver a los actores sentarse y levantarse. Alfred Lunt y Lynn Fontanne eran el matrimonio y lo hacían muy bien, pero a mí no me gustaron. Aunque tengo que reconocer que no eran como los demás. No actuaban como actores ni como gente normal. Es difícil de explicar. Actuaban como si supieran que eran muy famosos. Vamos, que lo hacían demasiado bien. Cuando uno de ellos terminaba de decir una parrafada, el otro decía algo en seguida. Querían hacer como la gente normal, cuando se interrumpen unos a otros, pero les salía demasiado bien. Actuaban un poco como toca el piano Ernie en el Village. Cuando uno sabe hacer una cosa muy bien, si no se anda con cuidado empieza a pasarse, y entonces ya no es bueno. A pesar de todo tengo que reconocer que los Lunt eran los únicos en todo el reparto que demostraban tener algo de materia gris.

Al final del primer acto salimos con todos los cretinos del público a fumar un cigarrillo. ¡Vaya colección! En mi vida había visto tanto farsante junto, todos fumando como cosacos y comentando la obra en voz muy alta para que los que estaban a su alrededor se dieran cuenta de lo listos que eran. Al lado nuestro había un actor de cine. No sé cómo se llama, pero era ése que en las películas de guerra hace siempre del tío que en el momento del ataque final le entra e] canguelo. Estaba con una rubia muy llamativa y los dos se hacían los muy naturales, como si no supieran que la gente los miraba. Como si fueran muy modestos, vamos. No saben la risa que me dio. Sally se limitó a comentar lo maravillosos que eran los Lunt porque estaba ocupadísima demostrando lo guapa que era. De pronto vio al otro lado del vestíbulo a un chico que conocía, un tipo de esos con traje de franela gris oscuro y chaleco de cuadros. El uniforme de Harvard o de Yale. Cualquiera diría. Estaba junto a la pared fumando como una chimenea y con aspecto de estar aburridísimo. Sally decía cada dos minutos: «A ese chico lo conozco de algo.»

—

Siempre que la llevaba a algún sitio, resulta que conocía a alguien de algo, o por lo menos eso decía. Me lo repitió como mil veces hasta que al fin me harté y le dije: «Si le conoces tanto, ¿por qué no te acercas y le das un beso bien fuerte? Le encantará.» Cuando se lo dije se enfadó. Al final él la vio y se acercó a decirle hola. No se imaginan cómo se saludaron. Como si no se hubieran visto en veinte años. Cualquiera hubiera dicho que de niños se bañaban juntos en la misma bañera. Compañeritos del alma eran. Daba ganas de vomitar. Y lo más gracioso era que probablemente se habían visto sólo una vez en alguna fiesta. Luego, cuando terminó de caérseles la baba, Sally nos presentó. Se llamaba George algo —no me acuerdo—, y estudiaba en Andover. Tampoco era para tanto, vamos. No se imaginan cuando Sally le preguntó si le gustaba la obra... Era uno de esos tíos que para perorar necesitan unos cuantos metros cuadrados. Dio un paso hacia atrás y aterrizó en el pie de una señora que tenía a su espalda. Probablemente le rompió hasta el último dedo que tenía en el cuerpo. Dijo que la comedia en sí no era una obra maestra, pero que los Lunt eran unos perfectos ángeles. ¡Ángeles! ¿No te fastidia? Luego se pusieron a hablar de gente que conocían. La conversación más falsa que he oído en mi vida. Los dos pensaban en algún sitio a la mayor velocidad posible y cuando se les ocurría el nombre de alguien que vivía allí, lo soltaban. Cuando volvimos a sentarnos en nuestras butacas tenía unas náuseas horrorosas. De verdad. En el segundo entreacto continuaron la conversación. Siguieron pensando en más sitios y en más nombres. Lo peor era que aquel imbécil tenía una de esas voces típicas de Universidad del Este, como muy cansada, muy snob. Parecía una chica. Al muy cabrón le importaba un rábano que Sally fuera mi pareja. Cuando acabó la función creí que iba a meterse con nosotros en el taxi porque nos acompañó como dos manzanas, pero por suerte dijo que había quedado con unos amigos para ir a tomar unas copas. Me los imaginé a todos sentados en un bar con sus chalecos de cuadros hablando de teatro, libros y mujeres con esa voz de snob que sacan. Me revientan esos tipos.

Cuando entramos en el taxi, odiaba tanto a Sally después de haberla oído hablar diez horas con el imbécil de Andover, que estuve a punto de llevarla directamente a su casa, de verdad, pero de pronto me dijo:

—Tengo una idea maravillosa.

Siempre tenía unas ideas maravillosas.

—Oye, ¿a qué hora tienes que estar en casa? ¿Tienes que volver a una hora fija?

—¿Yo? No. Puedo volver cuando me dé la gana —le dije. ¡Jo! ¡En mi vida había dicho verdad mayor!—. ¿Por qué?

—Vamos a patinar a Radio City.

Ese tipo de cosas eran las que se le ocurrían siempre.

—¿A patinar a Radio City? ¿Ahora?

—Sólo una hora o así. ¿No quieres? Bueno, si no quieres...

—No he dicho que no quiera —le dije—. Si tienes muchas ganas, iremos.

—¿De verdad? Pero no quiero que lo hagas sólo porque yo quiero. No me importa no ir.

¡No le importaba! ¡Poco!

—Se pueden alquilar unas falditas preciosas para patinar —dijo Sally—. Jeanette Cultz alquiló una la semana pasada.

Claro, por eso estaba empeñada en ir. Quería verse con una de esas falditas que apenas tapan el trasero.

Así que fuimos a Radio City y después de recoger los patines alquilé para Sally una pizca de falda azul. La verdad es que estaba graciosísima con ella. Y Sally lo sabía. Echó a andar delante de mí para que no dejara de ver lo mona que estaba. Yo también estaba muy mono. Hay que reconocerlo.

—

Lo más gracioso es que éramos los peores patinadores de toda la pista. Los peores de verdad y eso que había algunos que batían el récord. A Sally se le torcían tanto los tobillos que daba con ellos en el hielo. No sólo hacía el ridículo, sino que además debían dolerle muchísimo. A mí desde luego me dolían. Y cómo. Debíamos hacer una pareja formidable. Y para colmo había como doscientos mirones que no tenían más que hacer que mirar a los que se rompían las narices contra el suelo.

—¿Quieres que nos sentemos a tomar algo dentro? —le pregunté.

—Es la idea más maravillosa que has tenido en todo el día.

Aquello era cruel. Se estaba matando y me dio pena. Nos quitamos los patines y entramos en ese bar donde se puede tomar algo en calcetines mientras se ve toda la pista. En cuanto nos sentamos, Sally se quitó los guantes y le ofrecí un cigarrillo. No parecía nada contenta. Vino el camarero y le pedí una Coca-Cola para ella —no bebía— y un whisky con soda para mí, pero el muy hijoputa se negó a traérmelo o sea que tuve que tomar Coca-Cola yo también. Luego me puse a encender cerillas una tras otra, que es una cosa que suelo hacer cuando estoy de un humor determinado. Las dejo arder hasta que casi me quemo los dedos y luego las echo en el cenicero. Es un tic nervioso que tengo.

De pronto, sin venir a cuento, me dijo Sally:

—Oye, tengo que saberlo. ¿Vas a venir a ayudarme a adornar el árbol de Navidad, o no? Necesito que me lo digas ya.

Estaba furiosa porque aún le dolían los tobillos.

—Ya te dije que iría. Me lo has preguntado como veinte veces. Claro que iré.

—Bueno. Es que necesitaba saberlo —dijo. Luego se puso a mirar a su alrededor.

De pronto dejé de encender cerillas y me incliné hacia ella por encima de la mesa. Estaba preocupado por unas cuantas cosas:

—Oye Sally —le dije.

—¿Qué?

Estaba mirando a una chica que había al otro lado del bar.

—¿Te has hartado alguna vez de todo? —le dije—. ¿Has pensado alguna vez que a menos que hicieras algo en seguida el mundo se te venía encima? ¿Te gusta el colegio?

—Es un aburrimiento mortal.

—Lo que quiero decir es si lo odias de verdad —le dije— Pero no es sólo el colegio. Es todo. Odio vivir en Nueva York, odio los taxis y los autobuses de Madison Avenue, con esos conductores que siempre te están gritando que te bajes por la puerta de atrás, y odio que me presenten a tíos que dicen que los Lunt son unos ángeles, y odio subir y bajar siempre en ascensor, y odio a los tipos que me arreglan los pantalones en Brooks, y que la gente no pare de decir...

—No grites, por favor —dijo Sally. Tuvo gracia porque yo ni siquiera gritaba.

—Los coches, por ejemplo —le dije en voz más baja—. La gente se vuelve loca por ellos. Se mueren si les hacen un arañazo en la carrocería y siempre están hablando de cuántos kilómetros hacen por litro de gasolina. No han acabado de comprarse uno y ya están pensando en cambiarlo por otro nuevo. A mí ni siquiera me gustan los viejos. No me interesan nada. Preferiría tener un caballo. Al menos un caballo es más humano. Con un caballo puedes...

—No entiendo una palabra de lo que dices —dijo Sally—. Pasas de un...

—¿Sabes una cosa? —continué—. Tú eres probablemente la única razón por la que estoy ahora en Nueva York. Si no fuera por ti no sé ni dónde estaría. Supongo que en algún bosque perdido o algo así. Tú eres lo único que me retiene aquí.

—Eres un encanto —me dijo, pero se le notaba que estaba deseando cambiar de conversación.

—Deberías ir a un colegio de chicos. Pruébalo alguna vez —le dije—. Están llenos de farsantes. Tienes que estudiar justo lo suficiente para poder comprarte un Cadillac algún día, tienes que fingir que te importa si gana o pierde el equipo del colegio, y tienes que hablar todo el día de chicas, alcohol y sexo. Todos forman grupitos cerrados en los que no puede entrar nadie. Los de el equipo de baloncesto por un lado, los católicos por otro, los cretinos de los intelectuales por otro, y los que juegan al bridge por otro. Hasta los socios del Libro del Mes tienen su grupito. El que trata de hacer algo con inteligencia...

—Oye, oye —dijo Sally—, hay muchos que ven más que eso en el colegio...

—De acuerdo. Habrá algunos que sí. Pero yo no, ¿comprendes? Eso es precisamente lo que quiero decir. Que yo nunca saco nada en limpio de ninguna parte. La verdad es que estoy en baja forma. En muy baja forma.

—Se te nota.

De pronto se me ocurrió una idea.

—Oye —le dije—. ¿Qué te parece si nos fuéramos de aquí? Te diré lo que se me ha ocurrido. Tengo un amigo en Grenwich Village que nos prestaría un coche un par de semanas, íbamos al mismo colegio y todavía me debe diez dólares. Mañana por la mañana podríamos ir a Massachusetts, y a Vermont, y todos esos sitios de por ahí. Es precioso, ya verás. De verdad.

Cuanto más lo pensaba, más me gustaba la idea. Me incliné hacia ella y le cogí la mano. ¡Qué manera de hacer el imbécil! No se imaginan.

—Tengo unos ciento ochenta dólares —le dije—. Puedo sacarlos del banco mañana en cuanto abran y luego ir a buscar el coche de ese tío. De verdad. Viviremos en cabañas y sitios así hasta que se nos acabe el dinero. Luego buscaré trabajo en alguna parte y viviremos cerca de un río. Nos casaremos y en el invierno yo cortaré la leña y todo eso. Ya verás. Lo pasaremos formidable. ¿Qué dices? Vamos, ¿qué dices? ¿Te vienes conmigo? ¡Por favor!

—No se puede hacer una cosa así sin pensarlo primero —dijo Sally. Parecía enfadadísima.

—¿Por qué no? A ver. Dime ¿por qué no?

—Deja de gritarme, por favor —me dijo. Lo cual fue una idiotez porque yo ni la gritaba.

—¿Por qué no se puede? A ver. ¿Por qué no?

—Porque no, eso es todo. En primer lugar porque somos prácticamente unos críos. ¿Qué harías si no encontraras trabajo cuando se te acabara el dinero? Nos moriríamos de hambre. Lo que dices es absurdo, ni siquiera...

—No es absurdo. Encontraré trabajo, no te preocupes. Por eso sí que no tienes que preocuparte. ¿Qué pasa? ¿Es que no quieres venir conmigo? Si no quieres, no tienes más que decírmelo.

—No es eso. Te equivocas de medio a medio —dijo Sally. Empezaba a odiarla vagamente—. Ya tendremos tiempo de hacer cosas así cuando salgas de la universidad si nos casamos y todo eso. Hay miles de sitios maravillosos adonde podemos ir. Estás...

—No. No es verdad. No habrá miles de sitios donde podamos ir porque entonces será diferente —le dije. Otra vez me estaba entrando una depresión horrorosa,

—¿Qué dices? —preguntó—. No te oigo. Primero gritas como un loco y luego, de pronto...

—

—He dicho que no, que no habrá sitios maravillosos donde podamos ir una vez que salgamos de la universidad. Y a ver si me oyes. Entonces todo será distinto. Tendremos que bajar en el ascensor rodeados de maletas y de trastos, tendremos que telefonear a medio mundo para despedirnos, y mandarles postales desde cada hotel donde estemos. Y yo estaré trabajando en una oficina ganando un montón de pasta. Iré a mi despacho en taxi o en el autobús de Madison Avenue, y me pasaré el día entero leyendo el periódico, y jugando al bridge, y yendo al cine, y viendo un montón de noticiarios estúpidos y documentales y trailers. ¡Esos noticiarios del cine! ¡Dios mío! Siempre sacando carreras de caballos, y una tía muy elegante rompiendo una botella de champán en el casco de un barco, y un chimpancé con pantalón corto montando en bicicleta. No será lo mismo. Pero, claro, no entiendes una palabra de lo que te digo.

—Quizá no. Pero a lo mejor eres tú el que no entiende nada —dijo Sally. Para entonces ya nos odiábamos cordialmente. Era inútil tratar de mantener con ella una conversación inteligente. Estaba arrepentidísimo de haber empezado siquiera.

—Vámonos de aquí —le dije—. Si quieres que te diga la verdad, me das cien patadas.

¡Jo! ¡Cómo se puso cuando le dije aquello! Sé que no debí decirlo y en circunstancias normales no lo habría hecho, pero es que estaba deprimidísimo. Por lo general nunca digo groserías a las chicas. ¡Jo! ¡Cómo se puso! Me disculpé como cincuenta mil veces, pero no quiso ni oírme. Hasta se echó a llorar, lo cual me asustó un poco porque me dio miedo que se fuera a su casa y se lo contara a su padre que era un hijo de puta de esos que no aguantan una palabra más alta que otra. Además yo le caía bastante mal. Una vez le dijo a Sally que siempre estaba escandalizando.

—Lo siento mucho, de verdad —le dije un montón de veces.

—¡Lo sientes, lo sientes! ¡Qué gracia! —me dijo. Seguía medio llorando y, de pronto, me di cuenta de que lo sentía de verdad.

—Vamos, te llevaré a casa. En serio.

—Puedo ir yo sólita, muchas gracias. Si crees que te voy a dejar que me acompañes, estás listo. Nadie me había dicho una cosa así en toda mi vida.

Como, dentro de todo, la cosa tenía bastante gracia, de pronto hice algo que no debí hacer. Me eché a reír. Fue una carcajada de lo más inoportuna. Si hubiera estado en el cine sentado detrás de mí mismo, probablemente me hubiera dicho que me callara. Sally se puso aún más furiosa.

Seguí diciéndole que me perdonara, pero no quiso hacerme caso. Me repitió mil veces que me largara y la dejara en paz, así que al final lo hice. Sé que no estuvo bien, pero es que no podía más.

Si quieren que les diga la verdad, lo cierto es que no sé siquiera por qué monté aquel numerito. Vamos, que no sé por qué tuve que decirle lo de Massachusetts y todo eso, porque muy probablemente, aunque ella hubiera querido venir conmigo, yo no la habría llevado. Habría sido una lata. Pero lo más terrible es que cuando se lo dije, lo hice con toda sinceridad. Eso es lo malo. Les juro que estoy como una regadera.

Capítulo 18

Cuando me fui de la pista de patinar sentí un poco de hambre, así que me metí en una cafetería y me tomé un sandwich de queso y un batido. Luego entré en una cabina telefónica. Pensaba llamar a Jane para ver si había llegado ya de vacaciones. No tenía nada que hacer aquella noche, o sea que se me ocurrió hablar con ella y llevarla a bailar a algún sitio por ahí. Desde que la conocía no había ido con ella a ninguna sala de fiestas. Pero una vez la vi bailar y me pareció que lo hacía muy bien. Fue en una de esas fiestas que daba el Club el día de la Independencia. Aún no la conocía bien y no me atreví a separarla de su pareja. Salía entonces con un imbécil que se llamaba Al Pike y estudiaba en Choate. Andaba siempre merodeando por la piscina. Llevaba un calzón de baño de esos elásticos de color blanco y se tiraba continuamente de lo más alto del trampolín. El muy plomo hacía el ángel todo el día. Era el único salto que sabía hacer y lo consideraba el no va más. El tío era todo músculo sin una pizca de cerebro. Pero, como les iba diciendo, Jane iba con él aquella noche. No podía entenderlo, se lo juro. Cuando empezamos a salir juntos, le pregunté cómo podía aguantar a un tío como Al Pike. Jane me dijo que no era un creído, que lo que le pasaba es que tenía complejo de inferioridad. En mi opinión eso no impide que uno pueda ser también un cabrón. Pero ya saben cómo son las chicas. Nunca se sabe por dónde van a salir. Una vez presenté a un amigo mío a la compañera de cuarto de una tal Roberta Walsh. Se llamaba Bob Robinson y ése sí que tenía complejo de inferioridad. Se le notaba que se avergonzaba de sus padres porque decían «haiga» y «oyes» y porque no tenían mucho dinero. Pero no era un cabrón. Era un buen chico. Pues a la compañera de cuarto de Roberta Walsh no le gustó nada. Le dijo a Roberta que era un creído, y sólo porque le había dicho que era capitán del equipo de debate. Nada más que por una tontería así. Lo malo de las chicas es que si un tío les gusta, por muy cabrón que sea te dicen que tiene complejo de inferioridad, y si no les gusta, ya puede ser buena persona y creerse lo peor del universo, que le consideran un creído. Hasta las más inteligentes, en eso son iguales.

—

Pero, como les iba diciendo, llamé a Jane, pero no cogió nadie el teléfono, así que colgué. Luego miré la agenda para ver con quién demonios podría salir esa noche. Lo malo es que sólo tengo apuntados tres números. El de Jane, el del señor Antolini, que fue profesor mío en Elkton Hills, y el de la oficina de mi padre. Siempre se me olvida apuntar los teléfonos de la gente. Así que al final llamé a Carl Luce. Se había graduado en el Colegio Whooton después que me echaron a mí. Era tres años mayor que yo y me caía muy bien. Tenía el índice de inteligencia más alto de todo el colegio y una cultura enorme. Se me ocurrió que podíamos cenar juntos y hablar de algo un poco intelectual. A veces era la mar de informativo. Así que le llamé. Estudiaba en Columbia y vivía en la Calle 65. Me imaginé que ya estaría de vacaciones. Cuando se puso al teléfono, me dijo que cenar le era imposible, pero que podíamos tomar una copa juntos a las diez en el Wicker Bar de la Calle 54. Creo que se sorprendió bastante de que le llamara. Una vez le había dicho que era un fantasma. Como aún tenía muchas horas que matar antes de las diez, me metí en el cine de Radio City. Era lo peor que podía hacer, pero me venía muy a mano y no se me ocurrió otra cosa. Entré cuando aún no había terminado el espectáculo que daban antes de la película. Las Rockettes pateaban al aire como posesas, todas puestas en fila y cogidas por la cintura. El público aplaudía como loco y un tío que tenía al lado no hacía más que decirle a su mujer: «¿Te das cuenta? ¡Eso es lo que yo llamo precisión!» ¡Menudo cretino! Cuando acabaron las Rockettes salió al escenario un tío con frac y se puso a patinar por debajo de unas mesitas muy bajas mientras decía miles de chistes uno tras otro. Lo hacía la mar de bien, pero no acababa de gustarme porque no podía dejar de imaginármelo practicando todo el tiempo para luego hacerlo en el escenario, y eso me pareció una estupidez. Se ve que no era mi día. Después hicieron eso que ponen todas las Navidades en Radio City, cuando empiezan a salir ángeles de cajas y de todas partes, y aparecen unos tíos que se pasean con cruces por todo el escenario y al final se ponen a cantar todos ellos, que son miles, el *Adeste Fideles* a voz en grito. No había quien lo aguantara. Ya sé que todo el mundo lo considera muy religioso y muy artístico, pero yo no veo nada de religioso ni de artístico en un montón de actores paseándose con cruces por un escenario. Hacia el final se les notaba que estaban deseando acabar para poder fumarse un cigarrillo. Lo había visto el año anterior con Sally Hayes, que no dejó de repetirme lo bonito que le parecía y lo preciosos que eran los vestidos. Le dije que estaba seguro de que Cristo habría vomitado si hubiera visto todos esos trajes tan elegantes. Sally me contestó que era un ateo sacrílego y probablemente tenía razón. Pero de verdad que creo que el que le habría gustado a Jesucristo habría sido el que tocaba los timbales en la orquesta. Siempre me ha gustado mirarle, desde que tenía ocho años. Cuando íbamos a Radio City con mis padres, mi hermano y yo nos cambiábamos de sitio para poder verle mejor. No he visto a nadie tocar los timbales como él. El pobre sólo puede atizarles un par de veces durante toda la sesión, pero mientras está mano sobre mano no parece que se aburra ni nada. Y cuando al final le toca el turno, lo hace tan bien, con tanto gusto y con una expresión tan decidida en la cara, que es un placer mirarle. Una vez que fuimos a Washington con mi padre, Allie le mandó una postal, pero estoy seguro de que no la recibió. No sabíamos a quién dirigirla.

—

Cuando acabó la cosa esa de Navidad, empezó una porquería de película. Era tan horrible que no podía apartar la vista de la pantalla. Trataba de un inglés que se llamaba Alec o algo así, y que había estado en la guerra y había perdido la memoria. Cuando sale del hospital, se patea todo Londres cojeando sin tener ni idea de quién es. La verdad es que es duque, pero no lo sabe. Luego conoce a una chica muy hogareña y muy buena que se está subiendo al autobús. El viento le vuela el sombrero y él se lo recoge. Luego va con ella a su casa y se ponen a hablar de Dickens. Es el autor que más les gusta a los dos. El lleva siempre un ejemplar de Oliver Twist en el bolsillo y ella también. Sólo oírlos hablar ya daba arcadas. Se enamoran en seguida y él la ayuda a administrar una editorial que tiene la chica y que va la mar de mal porque el hermano es un borracho y se gasta toda la pasta. Está muy amargado porque era cirujano antes de ir a la guerra y ahora no puede operar porque tiene los nervios hechos polvo, así que el tío le da a la botella que es un gusto, pero es la mar de ingenioso. El tal Alec escribe un libro y la chica lo publica y se vende como rosquillas. Van a casarse cuando aparece la otra, que se llama Marcia y era novia de Alec antes de que perdiera la memoria. Un día le ve en una librería firmando ejemplares y le reconoce. Le dice que es duque y todo eso, pero él no se lo cree y no quiere ir con ella a ver a su madre ni nada. La madre no ve ni gorda. Luego la otra chica, la buena, le obliga a ir. Es la mar de noble. Pero él no recobra la memoria ni cuando el perro danés se le tira encima a lamerle, ni cuando la madre le pasa los dedazos por toda la cara y le trae el osito de peluche que arrastraba él de pequeño por toda la casa. Al final unos niños que están jugando al crickett le atizan en la cabeza con una pelota. Recupera de golpe la memoria y entonces le da un beso a su madre en la frente y todas esas gilipolleces. Pero entonces empieza a hacer de duque de verdad y se olvida de la buena y de la editorial. Podría contarles el resto de la historia, pero no quiero hacerles vomitar. No crean que me lo callo por no estropearles la película. Sería imposible estropearla más.

Pero, bueno, al final Alec y la buena se casan, el borracho se pone bien y opera a la madre de Alec que ve otra vez, y Marcia y él empiezan a gustarse. Terminan todos sentados a la mesa desternillándose de risa porque el perro danés entra con un montón de cachorros. Supongo que es que no sabían que era perra. Sólo les digo que si no quieren vomitar no vayan a verla.

Lo más gracioso es que tenía al lado a una señora que no dejó de llorar en todo el tiempo. Cuanto más cursi se ponía la película, más lagrimones echaba. Pensarán que lloraba porque era muy buena persona, pero yo estaba sentado al lado suyo y les digo que no. Iba con un niño que se pasó las dos horas diciendo que tenía que ir al baño, y ella no le hizo ni caso. Sólo se volvía para decirle que a ver si se callaba y se estaba quieto de una vez. Lo que es ésa, tenía el corazón de una hiena. Todos los que lloran como cosacos con esa imbecilidad de películas suelen ser luego unos cabrones de mucho cuidado. De verdad.

Cuando salí del cine me fui andando hacia el Wicker Bar donde iba a ver a Carl Luce y, mientras, me puse a pensar en la guerra. Siempre me pasa lo mismo cuando veo una película de esas. Yo creo que no podría ir a la guerra. No me importaría tanto si todo consistiera en que te sacaran a un patio y te largaran un disparo por las buenas, lo que no aguanto es que haya que estar tanto tiempo en el ejército. Eso es lo que no me gusta. Mi hermano D.B. se pasó en el servicio cuatro años enteros. Estuvo en el desembarco de Normandía y todo, pero creo que odiaba el ejército más que la guerra. Yo era un crío en aquel tiempo, pero recuerdo que cuando venía a casa de permiso, se pasaba el día entero tumbado en la cama. Apenas salía de su cuarto. Cuando le mandaron a Europa no le hirieron ni tuvo que matar a nadie. Estaba de chófer de un general que parecía un vaquero. No tenía que hacer más que pasearle todo el día en un coche blindado. Una vez le dijo a Allie que si le obligaran a matar a alguien no sabría adonde disparar. Le dijo también que en el ejército aliado había tantos cabrones como en el nazi. Recuerdo que Allie le preguntó si no le venía bien ir a la guerra siendo escritor porque de eso podía sacar un montón de temas. D.B. le dijo que se fuera a buscar su guante de béisbol y le preguntó quién escribía mejores poemas bélicos, si Rupert Brooke o Emily Dickinson. Allie dijo que Emily Dickinson. Yo entiendo bastante poco de todo eso porque no leo mucha poesía, pero sé que me volvería loco de atar si tuviera que estar en el ejército con tipos como Ackley y Stradlater y Maurice, marchando con ellos todo el tiempo. Una vez pasé con los *Boy Scouts* una semana y no pude aguantarlo. Todo el tiempo te decían que tenías que mirar fijo al cogote del tío que llevabas delante. Les juro que si hay otra guerra, prefiero que me saquen a un patio y que me pongan frente a un pelotón de ejecución. No protestaría nada. Lo que no comprendo es por qué D.B. me hizo leer *Adiós a las armas* si odiaba tanto la guerra. Decía que era una novela estupenda. Es la historia de un tal teniente Harry que todo el mundo considera un tío fenómeno. No entiendo cómo D.B. podía odiar la guerra y decir que ese libro era buenísimo al mismo tiempo. Tampoco comprendo cómo a una misma persona le pueden gustar *Adiós a las armas* y *El gran Gatsby* D.B. se enfadó mucho cuando se lo dije y me contestó que era demasiado pequeño para juzgar libros como ésos. Le dije que a mí me gustaban Ring Lardner y *El gran Gatsby.* Y es verdad. Me encantan. ¡Qué tío ese Gatsby! ¡Qué bárbaro! Me chifla la novela. Pero, como les decía, me alegro muchísimo de que hayan inventado la bomba atómica. Si hay otra guerra me sentaré justo encima de ella. Me presentaré voluntario, se lo juro.

Capítulo 19

Por si no viven en Nueva York, les diré que el Wicker Bar está en un hotel muy elegante, el Seton. Antes me gustaba mucho, pero poco a poco fui dejando de ir. Es uno de esos sitios que se consideran muy finos y donde se ven farsantes a patadas. Había dos chicas francesas, Tina y Janine, que actuaban tres veces por noche. Una de ellas tocaba el piano —lo asesinaba—, y la otra cantaba, siempre unas canciones o muy verdes o en francés. La tal Janine se ponía delante del micrófono y antes de empezar la actuación, decía como susurrando: «Y ahoja les pjesentamos nuestja vejsión de *Vulé vú fjansé. Es la histojia de una fjansesita que llega a una gjan siudad como Nueva Yojk y se enamoja de un muchachito de Bjooklyn. Espejo que les guste.»

Cuando acababa de susurrar y de demostrar lo graciosa que era, cantaba medio en francés medio en inglés una canción tontísima que volvía locos a todos los imbéciles del bar. Si te pasabas allí un buen rato oyendo aplaudir a ese hatajo de idiotas, acababas odiando a todo el mundo. De verdad. El barman era también insoportable, un snob de muchísimo cuidado. No hablaba a nadie a menos que fuera un tío muy importante o un artista famoso o algo así, y cuando lo hacía era horroroso. Se acercaba a quien fuera con una sonrisa amabilísima, como si fuera una persona estupenda, y le decía: «¿Qué tal por Connecticut?», o «¿Qué tal por Florida?». Era un sitio horrible, de verdad. Como les digo, poco a poco fui dejando de ir.

Cuando llegué aún era muy temprano. Estaba llenísimo. Me acerqué a la barra y pedí un par de whiskis con soda. Los pedí de pie para que vieran que era alto y no me tomaran por menor de edad. Luego me puse a mirar a todos los cretinos que había por allí. A mi lado tenía a un tío metiéndole un montón de cuentos a la chica con que estaba. Le decía por ejemplo que tenía unas manos muy aristocráticas. ¡Menudo imbécil! El otro extremo de la barra estaba lleno de maricas. No es que hicieran alarde de ello —no llevaban el pelo largo ni nada—, pero aun así se les notaba. Al final apareció mi amigo.

¡Bueno era el tal Luce! Se las traía. Cuando estaba en Whooton era mi consejero de estudios. Lo único que hacía era que por las noches, cuando se reunían unos cuantos chicos en su habitación, se ponía a hablarnos de cuestiones sexuales. Sabía un montón de todo eso, sobre todo de pervertidos. Siempre nos hablaba de esos tíos que se lían con ovejas, o de esos otros que van por ahí con unas bragas de mujer cosidas al forro del sombrero. Y de maricones y lesbianas. Sabía quien lo era y quien no en todo Estados Unidos. No tenías más que mencionar a una persona cualquiera, y Luce te decía en seguida si era invertida o no. A veces costaba trabajo creer que fueran maricas o lesbianas los que él decía que eran, actores de cine o cosas así. Algunos hasta estaban casados. Le preguntábamos, por ejemplo: «¿Dices que Joe Blow es marica? ¿Joe Blow? ¿Ese tío tan grande y tan bárbaro que hace siempre de gángster o de vaquero?» Y Luce contestaba: «En efecto.» Siempre decía «en efecto». Según él no importaba que un tío estuviera casado o no. Aseguraba que la mitad de los casados del mundo eran maricas y ni siquiera lo sabían. Decía que si habías nacido así, podías volverte maricón en cualquier momento, de la noche a la mañana. Nos metía un miedo horroroso. Yo llegué a convencerme de que el día menos pensado me pasaría a la acera de enfrente. Lo gracioso es que en el fondo siempre tuve la sensación de que el tal Luce era un poco amariconado. Todo el tiempo nos decía: «¡A ver cómo encajas ésta!», mientras nos daba una palmada en el trasero. Y cuando iba al baño dejaba la puerta abierta y seguía hablando contigo mientras te lavabas los dientes o lo que fuera. Todo eso es de marica. De verdad. Había conocido ya a varios y siempre hacían cosas así. Por eso tenía yo mis sospechas. Pero era muy inteligente, eso sí.

Jamás te saludaba al llegar. Aquella noche lo primero que hizo en cuanto se sentó fue decir que sólo podía quedarse un par de minutos. Que tenía una cita. Luego pidió un Martini. Le dijo al barman que se lo sirviera muy seco y sin aceituna.

—Oye, te he buscado un maricón. Está al final de la barra. No mires. Te lo he estado reservando.

—Muy gracioso —contestó—, ya veo que no has cambiado. ¿Cuándo vas a crecer?

Le aburría a muerte. De verdad. Pero él a mí me divertía mucho.

—¿Cómo va tu vida sexual? —le dije. Le ponía negro que le preguntaran cosas así.

—Tranquilo —me dijo—. Cálmate, por favor.

—Ya estoy tranquilo —le contesté—. Oye, ¿qué tal por Columbia? ¿Cómo te va? ¿Te gusta?

—En efecto, me gusta. Si no me gustara no estudiaría allí.

A veces se ponía insoportable.

—¿En qué vas a especializarte? —le pregunté—. ¿En pervertidos?

Tenía ganas de broma.

—¿Qué quieres? ¿Hacerte el gracioso?

—Te lo decía en broma —le dije—. Luce, tú que eres la mar de intelectual, necesito un consejo. Me he metido en un lío terrible...

Me soltó un bufido:

—Escucha Caulfield. Si quieres que nos sentemos a charlar tranquilamente y a tomar una copa...

—Está bien. Está bien. No te excites.

Se le veía que no tenía ninguna gana de hablar de nada serio conmigo. Eso es lo malo de los intelectuales. Sólo quieren hablar de cosas serias cuando a ellos les apetece.

—De verdad, ¿qué tal tu vida sexual? ¿Sigues saliendo con la chica que veías cuando estabas en Whooton? La que tenía esas enormes...

—¡No, por Dios! —me dijo.

—¿Por qué? ¿Qué ha sido de ella?

—No tengo ni la más ligera idea. Pero ya que lo preguntas, probablemente por estas fechas será la puta más grande de todo New Hampshire.

—

—No está bien que digas eso. Si fue lo bastante decente como para dejarte que la metieras mano, al menos podías hablar de ella de otra manera.

—¡Dios mío! —dijo Luce—. Dime si va a ser una de tus conversaciones típicas. Prefiero saberlo cuanto antes.

—No —le contesté—, pero sigo creyendo que no está bien. Si fue contigo lo bastante...

—¿Hemos de seguir necesariamente esa línea de pensamiento?

Me callé. Temí que se levantara y se largara de pronto si seguía por ese camino. Pedí otra copa. Tenía ganas de coger una buena curda.

—¿Con quién sales ahora? —le pregunté—. ¿No quieres decírmelo?

—Con nadie que tú conozcas.

—¿Quién es? A lo mejor sí la conozco.

—Vive en el Village. Es escultora. Ahora ya lo sabes.

—¿Sí? ¿De verdad? ¿Cuántos años tiene?

—Nunca se lo he preguntado.

—Pero, ¿como cuántos más o menos?

—Debe andar por los cuarenta —dijo Luce.

—¿Por los cuarenta? ¿En serio? ¿Y te gusta? —le pregunté—. ¿Te gustan tan mayores? —se lo dije porque de verdad sabía muchísimo sobre sexo y cosas de esas. Era uno de los pocos tíos que he conocido que de verdad sabían lo que se decían. Había dejado de ser virgen a los catorce años, en Nantucket. Y no era cuento.

—Me gustan las mujeres maduras, si es eso a lo que te refieres.

—¿De verdad? ¿Por qué? Dime, ¿es que hacen el amor mejor o qué?

—Oye, antes de proseguir vamos a poner las cosas en claro. Esta noche me niego a responder a tus preguntas habituales. ¿Cuándo demonios vas a crecer de una vez?

Durante un buen rato no dije nada. Luego Luce pidió otro Martini y le insistió al camarero en que se lo hiciera aún más seco.

—Oye, ¿cuánto tiempo hace que sales con esa escultora? —le pregunté. El tema me interesaba de verdad—. ¿La conocías ya cuando estabas en Whooton?

—¿Cómo iba a conocerla? Acaba de llegar a este país hace pocos meses.

—¿Sí? ¿De dónde es?

—Se da la circunstancia de que ha nacido en Shangai.

—¡No me digas! ¿Es china?

—Evidentemente.

—¡No me digas! ¿Y te gusta eso? ¿Que sea china?

—Evidentemente.

—¿Por qué? Dímelo. De verdad me gustaría saberlo.

—Porque se da la circunstancia de que la filosofía oriental me resulta más satisfactoria que la occidental.

—¿Sí? ¿Qué quieres decir cuando dices «filosofía»? ¿La cosa del sexo? ¿Acostarte con ella? ¿Quieres decir que lo hacen mejor en China? ¿Es eso?

—No necesariamente en China. He dicho Oriente. ¿Tenemos que proseguir con esta conversación inane?

—Oye, de verdad, Te lo pregunto en serio —le dije—. ¿Por qué es mejor en Oriente?

—Es demasiado complejo para explicártelo ahora. Sencillamente consideran el acto sexual una experiencia tanto física como espiritual. Pero si crees que...

—¡Yo también! Yo también lo considero lo que has dicho, una experiencia física y espiritual y todo eso. De verdad. Pero depende muchísimo de con quién estoy. Si estoy con una chica a quien ni siquiera...

—No grites, Caulfield, por Dios. Si no sabes hablar en voz baja, será mejor que dejemos...

—Sí, sí, pero oye —le dije. Estaba nerviosísimo y es verdad que hablaba muy fuerte. A veces cuando me excito levanto mucho la voz—. Ya sé que debe ser una experiencia física, y espiritual, y artística y todo eso, pero lo que quiero decir es si puedes conseguir que sea así con cualquier chica, sea como sea. ¿Puedes?

—

—Cambiemos de conversación, ¿te importa?

—Sólo una cosa más. Escucha. Por ejemplo, tú y esa señora, ¿qué hacéis para que os salga tan bien?

—Ya vale, te he dicho.

Me estaba metiendo en sus asuntos personales. Lo reconozco. Pero eso era una de las cosas que más me molestaban de Luce. Cuando estábamos en el colegio te obligaba a que le contaras las cosas más íntimas, pero en cuanto le hacías a él una pregunta personal, se enfadaba. A esos tipos tan intelectuales no les gusta mantener una conversación a menos que sean ellos los que lleven la batuta. Siempre quieren que te calles cuando ellos se callan y que vuelvas a tu habitación cuando ellos quieren volver a su habitación. Cuando estábamos en Whooton, a Luce le reventaba —se le notaba— que cuando él acababa de echarnos una conferencia, nosotros siguiéramos hablando por nuestra cuenta. Le ponía negro. Lo que quería era que cada uno volviera a su habitación y se callara en el momento en que él acababa de perorar. Creo que en el fondo tenía miedo de que alguien dijera algo más inteligente. Me divertía mucho.

—Puede que me vaya a China. Tengo una vida sexual asquerosa —le dije.

—Naturalmente. Tu cerebro aún no ha madurado.

—Sí. Tienes razón. Lo sé. ¿Sabes lo que me pasa? —le dije—. Que nunca puedo excitarme de verdad, vamos, del todo, con una chica que no acaba de gustarme. Tiene que gustarme muchísimo. Si no, no hay manera. ¡Jo! ¡No sabes cómo me fastidia eso! Mi vida sexual es un asco.

—Pues claro. La última vez que nos vimos ya te dije lo que te hacía falta.

—¿Te refieres a lo del sicoanálisis? —le dije. Eso era lo que me había aconsejado. Su padre era siquiatra.

—Tú eres quien tiene que decidir. Lo que hagas con tu vida no es asunto mío.

Durante unos momentos no dije nada porque estaba pensando.

—Supongamos que fuera a ver a tu padre y que me sicoanalizara y todo eso —le dije—. ¿Qué me pasaría? ¿Qué me haría?

—Nada. Absolutamente nada. ¡Mira que eres pesado! Sólo hablaría contigo y tú le hablarías a él. Para empezar te ayudaría a reconocer tus esquemas mentales.

—¿Qué?

—Tus esquemas mentales. La mente humana está... Oye, no creas que voy a darte aquí un curso elemental de sicoanálisis. Si te interesa verle, llámale y pide hora. Si no, olvídate del asunto. Francamente, no puede importarme menos.

Le puse la mano en el hombro. ¡Jo! ¡Cómo me divertía!

—¡Eres un cabrón de lo más simpático! —le dije—. ¿Lo sabías?

Estaba mirando la hora.

—Tengo que largarme —dijo, y se levantó—. Me alegro de haberte visto.

Llamó al barman y le dijo que le cobrara lo suyo.

—Oye —le dije antes de que se fuera—. Tu padre, ¿te ha sicoanalizado a ti alguna vez?

—¿A mí? ¿Por qué lo preguntas?

—Por nada. Di, ¿te ha sicoanalizado?

—No exactamente. Me ha ayudado hasta cierto punto a adaptarme, pero no ha considerado necesario llevar a cabo un análisis en profundidad. ¿Por qué lo preguntas?

—Por nada. Sólo por curiosidad.

—Bueno. Que te diviertas —dijo. Estaba dejando la propina y se disponía a marcharse.

—Toma una copa más —le dije—. Por favor. Tengo una depresión horrible. Me siento muy solo, de verdad.

Me contestó que no podía quedarse porque era muy tarde, y se fue. ¡Qué tío el tal Luce! No había quien le aguantara, pero la verdad es que se expresaba estupendamente. Cuando estábamos en Whooton él era el que tenía mejor vocabulario de todo el colegio. De verdad. Nos hicieron un examen y todo.

—

Capítulo 20

Me quedé sentado en la barra emborrachándome y esperando a ver si salían Tina y Janine a hacer sus tontadas, pero ya no trabajaban allí. Salieron en cambio un tipo con el pelo ondulado y pinta de maricón que tocaba el piano, y una chica nueva que se llamaba Valencia y que cantaba. No es que fuera una diva, pero lo hacía mejor que Janine y por lo menos había elegido unas canciones muy bonitas. El piano estaba junto a la barra y yo tenía a Valencia prácticamente a mi lado. Le eché unas cuantas miradas insinuantes, pero no me hizo ni caso. En circunstancias normales no me habría atrevido a hacerlo, pero aquella noche me estaba emborrachando a base de bien. Cuando acabó, se largó a tal velocidad que no me dio tiempo siquiera a invitarla, así que llamé al camarero y le dije que le preguntara si quería tomar una copa conmigo. Me dijo que bueno, pero estoy seguro de que no le dio el recado. La gente nunca da recados a nadie.

¡Jo! Seguí sentado en aquella barra al menos hasta la una, emborrachándome como un imbécil. Apenas veía nada. Me anduve con mucho cuidado, eso sí, de no meterme con nadie. No quería que el barman se fijara en mí y se le ocurriera preguntarme qué edad tenía. Pero, ¡jo!, de verdad que no veía nada. Cuando me emborraché del todo empecé otra vez a hacer el indio, como si me hubieran encajado un disparo. Era el único tío en todo el bar que tenía una bala alojada en el estómago. Me puse una mano bajo la chaqueta para impedir que la sangre cayera por el suelo. No quería que nadie se diera cuenta de que estaba herido. Quería ocultar que era un pobre diablo destinado a morir. Al final me entraron ganas de llamar a Jane para ver si estaba en casa, así que pagué y me fui adonde estaban los teléfonos. Seguía con la mano puesta debajo de la chaqueta para retener la sangre. ¡Jo! ¡Vaya tranca que llevaba encima!

No sé qué pasó, pero en cuanto entré en la cabina se me pasaron las ganas de llamar a Jane. Supongo que estaba demasiado borracho. Así que decidí llamar a Sally Hayes. Tuve que marcar como veinte veces para acertar con el número. ¡Jo! ¡No veía nada!

—Oiga —dije cuando contestaron al teléfono. Creo que hablaba a gritos de lo borracho que estaba.

—¿Quién es? —dijo una voz de mujer en un tono la mar de frío.

—Soy Holden Caulfield. Quiero hablar con Sally, por favor.

—Sally está durmiendo. Soy su abuela. ¿Por qué llamas a estas horas, Holden? ¿Tienes idea de lo tarde que es?

—Sí, pero quiero hablar con Sally. Es muy importante. Dígale que se ponga.

—Sally está durmiendo, jovencito. Llámala mañana. Buenas noches.

—Despiértela. Despiértela. Ande, sea buena.

Luego sonó una voz diferente.

—Hola, Holden —era Sally—. ¿Qué te ha dado?

—¿Sally? ¿Eres tú?

—Sí. Y deja de gritar. ¿Estás borracho?

—Sí. Escucha. Iré en Nochebuena, ¿me oyes? Te ayudaré a adornar el árbol, ¿de acuerdo? ¿De acuerdo, Sally?

—Sí. Estás borracho. Ahora vete a la cama. ¿Dónde estás? No estarás solo, ¿no?

—Sally, iré a ayudarte a poner el árbol, ¿de acuerdo?

—Sí. Ahora vete a la cama. ¿Dónde estás? ¿Estás con alguien?

—No, estoy solo.

¡Jo! ¡Qué borrachera tenía! Seguía sujetándome el estómago.

—Me han herido. Han sido los de la banda de Rock, ¿sabes? Sally, ¿me oyes?

—No te oigo. Vete a la cama. Tengo que dejarte. Llámame mañana.

—

—Oye Sally, ¿quieres que te ayude a adornar el árbol? ¿Quieres, o no?

—Sí. Ahora, buenas noches. Vete a casa y métete en la cama.

Y me colgó.

—Buenas noches. Buenas noches, Sally, cariño, amor mío— le dije. ¿Se dan cuenta de lo borracho que estaba? Colgué yo también. Me imaginé que había salido con algún tío y acababa de volver a casa. Me la imaginé con los Lunt y ese cretino de Andover, nadando todos ellos en una tetera, diciendo unas cosas ingeniosísimas, y actuando todos de una manera falsísima. Ojalá no la hubiera llamado. Cuando me emborracho no sé ni lo que hago.

Me quedé un buen rato en aquella cabina. Seguía aferrado al teléfono para no caer al suelo. Si quieren que les diga la verdad no me sentía muy bien. Al final me fui dando traspiés hasta el servicio. Llené uno de los lavabos y hundí en él la cabeza hasta las orejas. Cuando la saqué no me molesté siquiera en secarme el agua. Dejé que la muy puñetera me chorreara por el cuello. Luego me acerqué a un radiador que había junto a la ventana y me senté. Estaba calentito. Me vino muy bien porque yo tiritaba como un condenado. Tiene gracia, cada vez que me emborracho me da por tiritar.

Como no tenía nada mejor que hacer, me quedé sentado en el radiador contando las baldosas blancas del suelo. Estaba empapado. El agua me chorreaba a litros por el cuello mojándome la camisa y la corbata, pero no me importaba. Estaba tan borracho que me daba igual. Al poco rato entró el tío que tocaba el piano, el maricón de las ondas. Mientras se peinaba sus rizos dorados, hablamos un poco, pero no estuvo muy amable que digamos.

—Oiga, ¿va a ver a Valencia cuando vuelva al bar? —le dije.

—Es altamente probable —me contestó. Era la mar de ingenioso. Siempre me tengo que tropezar con tíos así.

—Dígale que me ha gustado mucho. Y pregúntele si el imbécil del camarero le ha dado mi recado, ¿quiere?

—¿Por qué no se va a casita, amigo? ¿Cuántos años tiene?

—Ochenta y seis. Oiga, no se olvide de decirle que me gusta mucho, ¿eh?

—¿Por qué no se va a casa?

—Porque no. ¡Jo! ¡Qué bien toca usted el piano! —le dije. Era pura coba porque la verdad es que lo aporreaba—. Debería tocar en la radio. Un tío tan guapo como usted... con esos bucles de oro. ¿No necesita un agente?

—Váyase a casa, amigo, como un niño bueno. Váyase a casa y métase en la cama.

—No tengo adonde ir. Se lo digo en serio, ¿necesita un agente?

No me contestó. Acabó de acicalarse y se fue. Como Stradlater. Todos esos tíos guapos son iguales. En cuanto acaban de peinarse sus rizos se van y te dejan en la estacada.

Cuando al final me levanté para ir al guardarropa, estaba llorando. No sé por qué. Supongo que porque me sentía muy solo y muy deprimido. Cuando llegué al guardarropa no pude encontrar mi ficha, pero la empleada estuvo muy simpática y me dio mi abrigo y mi disco de *Litile Shirley Beans* que aún llevaba conmigo. Le di un dólar por ser tan amable, pero no quiso aceptarlo. Me dijo que me fuera a casa y me metiera en la cama. Quise esperarla hasta que saliera de trabajar, pero no me dejó. Me aseguró que tenía edad suficiente para ser mi madre. Le enseñé todo el pelo gris que tengo en el lado derecho de la cabeza y le dije que tenía cuarenta y dos años. Naturalmente era todo en broma, pero ella estuvo muy amable. Luego le mostré la gorra de caza roja y le gustó mucho. Me obligó a ponérmela antes de salir porque tenía todavía el pelo empapado. Parecía muy buena persona.

—

Cuando salí me despejé un poco, pero hacía mucho frío y empecé a tiritar. No podía parar. Me fui hasta Madison Avenue y me puse a esperar el autobús porque me quedaba muy poco dinero y quería empezar a economizar. Pero de pronto me di cuenta de que no quería ir en autobús. Además, no sabía hacia dónde tirar. Al final eché a andar en dirección al parque. Se me ocurrió acercarme al lago para ver si los patos seguían allí o no. Aún no había podido averiguarlo, así que como no estaba muy lejos y no tenía adonde ir, decidí darme una vuelta por ese lugar. Ni siquiera sabía dónde iba a dormir. No estaba cansado ni nada. Sólo estaba muy deprimido.

Al entrar en el parque me pasó una cosa horrible. Se me cayó al suelo el disco de Phoebe y se hizo mil pedazos. Estaba dentro de su funda, pero se rompió igual. Me dio tanta pena que estuve a punto de echarme a llorar. Recogí todos los pedazos y me los metí en el bolsillo del abrigo. Ya no servían para nada pero no quise tirarlos. Luego entré en el parque. ¡Jo! ¡Qué oscuro estaba!

He vivido en Nueva York toda mi vida y me conozco el Central Park como la palma de la mano porque de pequeño iba allí todos los días a patinar y a montar en bicicleta, pero aquella noche me costó un trabajo horrible dar con el lago. Sabía perfectamente dónde estaba —muy cerca de Central Park South—, pero no acertaba a encontrarlo. Debía estar más borracho de lo que pensaba. Seguí andando sin parar. Cada vez se iba poniendo más oscuro y cada vez me daba más miedo. En todo el tiempo que estuve en el parque no vi ni un alma. Por suerte, porque les confieso que si me hubiera topado con alguien, habría corrido como una milla entera sin parar. Al final encontré el lago. Estaba helado sólo a medias, pero no vi ningún pato. Di toda la vuelta alrededor —por cierto casi me caigo al agua—, pero de patos ni uno. A lo mejor, pensé, estaban durmiendo en la hierba al borde del agua. Por eso casi me caigo adentro, por mirar. Pero, como les digo, no vi ni uno.

Al final me senté en un banco en un sitio donde no estaba tan oscuro. ¡Jo! Seguía tiritando como un imbécil y, a pesar de la gorra de caza, tenía el pelo lleno de trozos de hielo. Aquello me preocupó. Probablemente cogería una pulmonía y me moriría. Empecé a imaginarme muerto y a todos los millones de cretinos que acudirían a mi entierro. Vendrían mi abuelo, el que vive en Detroit y va leyendo en voz alta los nombres de todas las calles cuando vas con él en el autobús, y mis tías —tengo como cincuenta—, y los idiotas de mis primos. Cuando murió Allie vinieron todos y había que ver qué hatajo de imbéciles eran. Según me contó D.B., una de mis tías, la que tiene una halitosis que tira de espaldas, se pasó todo el tiempo diciendo que daba gusto la paz que respiraba el cuerpo de Allie. Yo no fui. Estaba en el hospital por eso que les conté de lo que me había hecho en la mano. Pero, volviendo a lo del parque, me pasé un buen rato sentado en aquel banco preocupado por los trocitos de hielo y pensando que iba a morirme. Lo sentía muchísimo por mis padres, sobre todo por mi madre, que aún no se ha recuperado de la muerte de Allie. Me la imaginé sin saber qué hacer con mi ropa, y mi equipo de deporte, y todas mis cosas. Lo único que me consolaba es que no dejarían a Phoebe venir a mi entierro porque aún era una cría. Esa fue la única cosa que me animó. Después me los imaginé metiéndome en una tumba horrible con mi nombre escrito en la lápida y todo. Me dejarían allí rodeado de muertos. ¡Jo! ¡Buena te la hacen cuando te mueres! Espero que cuando me llegue el momento, alguien tendrá el sentido suficiente como para tirarme al río o algo así. Cualquier cosa menos que me dejen en un cementerio. Eso de que vengan todos los domingos a ponerte ramos de flores en el estómago y todas esas puñetas... ¿Quién necesita flores cuando ya se ha muerto? Nadie.

—

Cuando hace buen tiempo, mis padres suelen ir a dejar flores en la tumba de Allie. Yo fui con ellos unas cuantas veces pero después no quise volver más. No me gusta verle en el cementerio rodeado de muertos y de losas. Cuando hace sol aún lo aguanto, pero dos veces empezó a llover mientras estábamos allí. Fue horrible. El agua empezó a caer sobre su tumba empapando la hierba que tiene sobre el estómago. Llovía muchísimo y la gente que había en el cementerio empezó a correr hacia los coches. Aquello fue lo que más me reventó. Todos podían meterse en su automóvil, y poner la radio, y después irse a cenar a un restaurante menos Allie. No pude soportarlo. Ya sé que lo que está en el cementerio es sólo su cuerpo y que su espíritu está en el Cielo y todo eso, pero no pude aguantarlo. Daría cualquier cosa porque no estuviera allí. Claro, ustedes no le conocían. Si le hubieran conocido entenderían lo que quiero decir. Cuando hace sol puede pasar, pero el sol no sale más que cuando le da la gana.

Al cabo de un rato, para dejar de pensar en pulmonías y cosas de esas, saqué el dinero que me quedaba y me puse a contarlo a la poca luz que daba la farola. No me quedaban más que tres billetes de un dólar, cinco monedas de veinticinco centavos, y una de cinco. ¡Jo! Desde que había salido de Pencey había gastado una verdadera fortuna. Me acerqué al lago y tiré las monedas en la parte que no estaba helada. No sé por qué lo hice. Supongo que para dejar de pensar en que me iba a morir. Pero no me sirvió de nada.

De pronto se me ocurrió qué haría la pobre Phoebe si me diera una pulmonía y la diñara. Era una tontería, pero no podía sacármelo de la cabeza. Supongo que se llevaría un disgusto terrible. Me quiere mucho. De verdad. No podía dejar de pensar en ello, así que decidí colarme en casa sin que nadie me viera y verla por si acaso luego me moría. Tenía la llave de la puerta. Podía entrar a escondidas y hablar un rato con ella. Lo único que me preocupaba era que la puerta principal chirría como loca. Es una casa de pisos bastante vieja. El administrador es un vago y todo cruje y rechina que es un gusto. Pero aun así, me decidí a intentarlo.

Salí del parque y me fui a casa. Anduve todo el camino. No estaba muy lejos y además no me sentía ni cansado ni borracho. Sólo hacía un frío terrible y no se veía un alma.

—

Capítulo 21

Hacía años que no tenía tanta suerte. Cuando llegué a casa, Pete, el ascensorista, no estaba. Le sustituía un tipo nuevo que no me conocía de nada, así que, si no me tropezaba con mis padres, podría ver a Phoebe sin que nadie se enterara siquiera de mi visita. La verdad es que fue una suerte tremenda. Y para que todo me saliera redondo, el ascensorista era más bien estúpido. Le dije con una voz de lo más natural que me subiera al piso de los Dickstein, que son los vecinos de enfrente de mis padres. Luego me quité la gorra de caza para no parecer sospechoso y me metí corriendo en el ascensor como si tuviera una prisa horrorosa. El ascensorista había cerrado ya las puertas, cuando de pronto se volvió y me dijo:

—No están. Han subido a una fiesta en el piso catorce.

—No importa —le contesté. Me han dicho que les espere. Soy su sobrino.

Me lanzó una mirada de duda.

—Mejor será que espere en el vestíbulo, amigo.

—No me importaría —le dije—. Pero estoy mal de una pierna y tengo que tenerla siempre en cierta posición. Me sentaré en la silla que tienen al lado de la puerta.

No entendió una sola palabra de lo que le dije, así que se limitó a contestar: «¡Ah!», y me subió. ¡Vaya tío listo que soy! La verdad es que no hay nada como decir algo que nadie entienda para que todos hagan lo que te dé la gana.

Salí del ascensor cojeando como un condenado y eché a andar hacia el piso de los Dickstein. Luego, cuando oí que se cerraba el ascensor, me volví hacia nuestra puerta. Por ahora todo iba bien. Hasta se me había pasado la borrachera. Saqué la llave y abrí con muchísimo cuidado de no hacer ruido. Entré muy despacito y volví a cerrar. Debería dedicarme a ladrón.

El recibidor estaba en tinieblas y, naturalmente, no podía dar la luz. Tuve que andar con mucho cuidado para no tropezar con nada y armar un escándalo. Inmediatamente supe que estaba en casa. Nuestro recibidor huele como ninguna otra parte del mundo. No sé a qué. No es ni a coliflor ni a perfume, pero se nota en seguida que uno está en casa. Empecé a quitarme el abrigo para colgarlo en el armario, pero luego me acordé de que las perchas hacían un ruido terrible y me lo dejé puesto. Eché a andar muy despacito hacia el cuarto de Phoebe. Sabía que la criada no me sentiría porque no oye muy bien. Una vez me contó que de pequeña un hermano suyo le había metido una paja por un oído. La verdad es que estaba bastante sorda. Pero lo que es mis padres, especialmente mi madre, tienen un oído de tísico, así que tuve mucho cuidado al pasar por delante de la puerta de su cuarto. Hasta contuve el aliento. A mi padre, cuando duerme, se le puede partir una silla en la cabeza y ni se entera, pero basta con que alguien tosa en Siberia para que mi madre se despierte. Es nerviosísima. Se pasa la mitad de la noche levantada fumando un cigarrillo tras otro.

Tardé como una hora en llegar hasta el cuarto de Phoebe, pero cuando abrí la puerta no la vi. Se me había olvidado que cuando D.B. está en Hollywood, ella se va a dormir a su habitación. Le gusta porque es la más grande de toda la casa y porque tiene un escritorio inmenso que le compró mi hermano a una alcohólica de Filadelfia, y una cama que no sé de dónde habrá sacado pero que mide como diez millas de larga por otras diez de ancha. Pero, como les iba diciendo, a Phoebe le encanta dormir en el cuarto de D.B. cuando está fuera y él la deja. No se la imaginan haciendo sus tareas en ese escritorio que es como una plaza de toros. Ni se la ve. Pero ése es el tipo de cosas que a ella le vuelven loca. Dice que su cuarto no le gusta porque es muy pequeño, que necesita expandirse. Me hace una gracia horrorosa. ¿Qué tendría que expandir Phoebe? Nada.

—

Pero, como les decía, entré en el cuarto de D.B. y encendí la luz sin despertar a Phoebe. La miré un buen rato. Estaba dormida con la cabeza apoyada en la almohada y tenía la boca abierta. Tiene gracia. Los mayores resultan horribles cuando duermen así, pero los niños no. A los niños da gusto verlos dormidos. Aunque tengan la almohada llena de saliva no importa nada.

Me paseé por la habitación sin hacer ruido, mirándolo todo. Al fin me sentía completamente a gusto. Ya no pensaba siquiera en que iba a morirme de pulmonía. Simplemente me encontraba bien. En una silla que había al lado de la cama estaba la ropa de Phoebe. Para ser tan cría es la mar de cuidadosa. No se parece nada a esos niños que dejan todas sus cosas desparramadas por ahí. Ella es muy ordenada. En el respaldo había colgado la chaqueta de un traje marrón que le había comprado mi madre en Canadá. Sobre el asiento había puesto la blusa y el resto de sus cosas. Debajo, muy colocaditos el uno junto al otro, estaban sus zapatos con los calcetines dentro. Era la primera vez que los veía. Debían ser nuevos. Eran unos mocasines, muy parecidos a los que yo tengo, que iban perfectamente con el traje marrón. Mi madre la viste muy bien. De verdad. Para algunas cosas tiene un gusto estupendo. No sabe comprar patines ni nada por el estilo, pero para eso de los vestidos es estupenda. Phoebe lleva siempre unos modelos que te dejan bizco. La mayoría de las crías de su edad, por mucho dinero que tengan sus padres, van por lo general hechas unos adefesios. En cambio, no se imaginan cómo iba Phoebe con ese traje que le había traído mi madre de Canadá. En serio.

Me senté en el escritorio de D.B. y me puse a mirar Jo que había encima. Eran las cosas de Phoebe del colegio. Sobre todo libros. El que estaba encima de todo el montón se llamaba, *La aritmética es divertida.* Lo abrí y miré la primera página donde Phoebe había escrito:

Phoebe Weatherfield Caulfield 4 B-I

Aquello me hizo muchísima gracia. ¡Qué trasto de niña! Se llama Phoebe Josephine, no Phoebe Weatherfield. Pero a ella eso del Josephine no le gusta nada. Cada vez que la veo se ha inventado un nombre nuevo. El libro que había debajo del de matemática era el de geografía, y el tercero el de ortografía. Para la ortografía es un genio. Se le dan bien todas las asignaturas, pero sobre todo ésa. Debajo de los libros había un cuaderno. Tiene como cinco mil. Lo abrí y miré la primera página. Había escrito:

> Bernice, habla conmigo en el recreo. Tengo algo muy importante que decirte.

Eso es todo lo que había en la primera página. En la segunda decía:

> ¿Por qué hay tantas fábricas de conservas en el sureste de Alaska?
> Porque hay mucho salmón.
> ¿Por qué hay allí unos bosques tan extensos y valiosos?
> Porque tiene el clima adecuado para ellos.
> ¿Qué ha hecho nuestro gobierno para ayudar al esquimal de Alaska?
> Averiguarlo para mañana.

> Phoebe Weatherfield Caulfield
> Phoebe Weatherfield Caulfield
> Phoebe Weatherfield Caulfield
> Phoebe W. Caulfield
> Sr. D. Phoebe Weatherfield Caulfield

> ¡Por favor, pásale esto a Shirley!
> Shirley, dijiste que eras sagitario, pero no eres más que tauro. Tráete los patines cuando vengas a casa.

Me leí el cuaderno entero sin levantarme del escritorio de D.B. No me llevó mucho tiempo y además puedo pasarme horas y horas leyendo cuadernos de críos, de Phoebe o de cualquier otro. Me encantan. Luego encendí un cigarrillo, el último que me quedaba. Debía haberme fumado ese día como tres cartones. Al final la desperté. No podía seguir sentado en aquel escritorio el resto de mi vida y además me entró miedo de que me descubrieran mis padres sin que me hubiera dado tiempo a decirle hola siquiera. Así que la desperté.

No me costó ningún trabajo. A Phoebe no hace falta gritarle ni nada por el estilo. Basta con sentarse en su cama y decirle «Despierta, Phoebe», y ¡zas!, ya se ha despertado.

—¡Holden! —dijo enseguida, y me echó los brazos al cuello. Para la edad que tiene es muy cariñosa. A veces hasta demasiado. Le dí un beso mientras me decía:

—¿Cuándo has llegado a casa? —estaba contentísima de verme. Se le notaba.

—No grites. Ahora mismo. ¿Cómo estás?

—Muy bien. ¿Has recibido mi carta? Te escribí cinco páginas...

—Sí. Oye, baja la voz. Gracias.

Es cierto que me había escrito una carta que yo no había podido contestar. En ella me contaba que iban a hacer una función en el colegio y me pedía que no quedara con nadie para ese viernes porque quería que fuera a verla.

—¿Qué tal va la función? —le pregunté—. ¿Cómo dijiste que se llamaba?

—*Cuadro navideño para americanos*. Es malísima, pero yo hago de Benedict Arnold. Es casi el papel más importante.

¡Jo! Tenía los ojos abiertos de par en par. Cuando le cuenta a uno cosas de ésas se pone nerviosísima.

—Empieza cuando yo me estoy muriendo una Nochebuena y viene un fantasma y me pregunta si no me da vergüenza. Ya sabes, haber traicionado a mi país y todo eso. ¿Vas a venir? —estaba sentada en la cama—. Por eso te escribí. ¿Vendrás?

—Claro que sí. No me lo perderé.

—Papá no puede. Tiene que ir a California —me dijo.

¡Jo! ¡No estaba poco despierta! En dos segundos se le pasa todo el sueño. Estaba medio sentada medio arrodillada en la cama, y me había cogido una mano.

—Oye, mamá dijo que no llegarías hasta el miércoles.

—Pero me dejaron salir antes. Y no grites tanto. Vas a despertar a todo el mundo.

—¿Qué hora es? Dijeron que no volverían hasta muy tarde. Han ido a Norwalk a una fiesta. ¡Adivina lo que he hecho esta tarde! ¿A que no sabes qué película he visto? ¡Adivina!

—No lo sé. Oye, ¿no dijeron a qué hora...?

—Se llamaba *El doctor* —siguió Phoebe—, y era una película especial que ponían en la Fundación Lister. Sólo hoy. Es la historia de un médico de Kentucky que asfixia con una manta a un niño que está paralítico y no puede andar. Luego le meten en la cárcel y todo. Es estupenda.

—Escucha un momento. ¿No dijeron a qué hora...?

—Al médico le da mucha pena y por eso le mata. Luego le condenan a cadena perpetua, pero el niño se le aparece todo el tiempo para darle las gracias por lo que ha hecho. Había matado por piedad, pero él sabe que merece ir a la cárcel porque un médico no debe quitar la vida que es un don de Dios. Nos llevó la madre de una niña de mi clase, Alice Holmborg. Es mi mejor amiga. La única del mundo entero que...

—Para el carro, ¿quieres? —le dije—. Te estoy haciendo una pregunta. ¿Dijeron a qué hora volverían, o no?

—No, sólo que sería tarde. Se fueron en el coche para no tener que preocuparse por los trenes. Le han puesto una radio, pero mamá dice que no se oye por el tráfico.

Aquello me tranquilizó un poco. Por otra parte empezó a dejar de preocuparme que me encontraran en casa o no. Pensé que, después de todo, daba igual. Si me pillaban, asunto concluido.

No se imaginan lo graciosa que estaba Phoebe. Llevaba un pijama azul con elefantes rojos en el cuello. Los elefantes le vuelven loca.

—Así que la película era buena, ¿eh?

—

—Muy buena, sólo que Alice estaba un poco acatarrada y su madre no hacía más que preguntarle cómo se encontraba. En lo mejor de la película se te echaba encima para ver si tenía fiebre. Le ponía a una nerviosa.

Luego le dije:

—Oye, te había comprado un disco, pero se me ha roto al venir para acá.

Saqué los trozos del bolsillo y se los enseñé,

—Estaba borracho —le dije.

—Dame los pedazos. Los guardaré.

Me los quitó de la mano y los metió en el cajón de la mesilla de noche. Es divertidísima.

—¿Va a venir D.B. para Navidad? —le pregunté.

—Mamá ha dicho que no sabe. Que depende. A lo mejor tiene que quedarse en Hollywood para escribir un guión sobre Annapolis.

—¿Sobre Annapolis? ¡No me digas!

—Es una historia de amor. Y ¿sabes quiénes van a ser los protagonistas? ¿Qué artistas de cine? Adivina.

—No me importa. Nada menos que sobre Annapolis. Pero, ¿qué sabe D.B. sobre la Academia Naval? ¿Qué tiene que ver eso con el tipo de cuentos que él escribe? —le dije. ¡Jo! Esas cosas me sacan de quicio. ¡Maldito Hollywood!— ¿Qué te has hecho en el brazo? —le pregunté. El pijama era de esos sin mangas y vi que llevaba una tirita de esparadrapo.

—Un chico de mi clase, Curtis Weintraub, me empujó cuando bajábamos la escalinata del parque —me dijo—. ¿Quieres verlo?

Empezó a despegarse la tirita.

—Déjalo. ¿Por qué te empujó?

—No sé. Creo que me odia —dijo Phoebe—. Selma Atterbury y yo siempre le estamos manchando el anorak con tinta y cosas así.

—Eso no está bien. Ya no tienes edad de hacer tonterías.

—Ya sé, pero cada vez que voy al parque me sigue por todas partes. No me deja en paz. Me pone nerviosa.

—Probablemente porque le gustas. Además, esa no es razón para mancharle...

—No quiero gustarle —me dijo. Luego empezó a mirarme con una expresión muy rara—. Holden, ¿cómo es que has vuelto antes del miércoles?

—¿Qué?

¡Jo! ¡El cuidado que había que tener con ella! No se imaginan lo lista que es.

—¿Cómo es que has venido antes del miércoles? —volvió a preguntarme—. No te habrán echado, ¿verdad?

—Ya te he dicho que nos dejaron salir antes. Decidieron...

—¡Te han echado! ¡Te han echado! —dijo Phoebe. Me pegó un puñetazo en la pierna. Cuando le da la ventolera te atiza unos puñetazos de miedo—. ¡Te han echado! ¡Holden! —se había llevado la mano a la boca y todo. Es de lo más sensible. Lo juro.

—¿Quién dice que me hayan echado? Yo no he...

—Te han echado. Te han echado.

Luego me largó otro puñetazo. No saben cómo dolían.

—Papá va a matarte —dijo. Se tiró de bruces sobre la cama y se tapó la cabeza con la almohada. Es una cosa que hace bastante a menudo. A veces se pone como loca.

—Ya vale —le dije—. No va a pasar nada. Papá no va a... Vamos, Phoebe, quítate eso de la cara. Nadie va a matarme.

Pero no quiso destaparse. Cuando se empeña en una cosa, no hay quien pueda con ella. Siguió repitiendo:

—Papá va a matarte. Papá va a matarte —apenas se le entendía con la almohada sobre la cabeza.

—No va a matarme. Piensa un poco. Para empezar voy a largarme de aquí una temporada. Buscaré trabajo en el Oeste. La abuela de un amigo mío tiene un rancho en Colorado. Le pediré un empleo —le dije—. Si voy, te escribiré desde allí. Venga, quítate esa almohada de la cara. ¡Vamos, Phoebe! Por favor. ¿Quieres quitártela?

—

No me hizo caso. Traté de arrancársela pero no pude porque tiene muchísima fuerza. Se cansa uno de forcejear con ella. ¡Jo! ¡Qué tía! Cuando se le mete una cosa en la cabeza...

—Phoebe, por favor, sal de ahí —le dije—. Vamos. ¡Eh, Weatherfield! ¡Sal de ahí!

Pero como si nada. A veces no hay modo de razonar con ella. Al final fui al salón, cogí unos cigarrillos de la caja que había sobre la mesa, y me los metí en el bolsillo. Se me habían terminado.

Capítulo 22

Cuando volví, Phoebe se había quitado la almohada de la cabeza —sabía que al final lo haría—, pero, aunque ahora estaba echada boca arriba, todavía se negaba a mirarme. Cuando me acerqué y me senté en su cama volvió la cara hacia el otro lado. Me hacía el vacío total. Como el equipo de esgrima de Pencey cuando se me olvidaron los floretes en el metro.

—¿Cómo está Hazel Weatherfield? —le pregunté—. ¿Has escrito algún cuento más sobre ella? Tengo en la maleta el que me mandaste. Está en la estación. Es muy bueno.

—Papá te matará.

¡Jo! ¡Qué terca es la tía!

—No, no me matará. A lo más me echará una buena regañina y me mandará a una de esas escuelas militares que no hay quien aguante. Ya lo verás. Además, para empezar no voy a estar en casa. Me iré a Colorado, al rancho que te he dicho.

—¡No me hagas reír! Pero si ni siquiera sabes montar a caballo.

—¿Cómo que no? Claro que sí. Además eso se aprende en dos minutos. Es facilísimo —le dije—. Déjate eso.

Se estaba hurgando la tira de esparadrapo.

—¿Quién te ha cortado el pelo? —acababa de darme cuenta de que le habían hecho un corte de pelo horrible. Se lo habían dejado demasiado corto.

—¡A ti que te importa!

A veces se pone la mar de grosera.

—Supongo que te habrán suspendido otra vez en todas las asignaturas —continuó de lo más descarada. A veces tiene gracia. Más que una niña parece una maestra de escuela.

—No es verdad —le dije—. Me han aprobado en Lengua y Literatura.

—

Luego, por jugar un poco, le di un pellizco en el trasero que se le había quedado al aire. Apenas tenía nada. Quiso pegarme en la mano, pero no acertó.

De pronto, me dijo:

—¿Por qué lo has hecho? —se refería a que me hubieran expulsado. Pero me lo preguntó de un modo que me dio pena.

—¡Por Dios, Phoebe! No me digas eso. Estoy harto de que me lo pregunte todo el mundo —le dije—. Por miles de razones. Es uno de los colegios peores que he conocido. Estaba lleno de unos tíos falsísimos. En mi vida he visto peor gente. Por ejemplo, si había un grupo reunido en una habitación y quería entrar uno, a lo mejor no le dejaban sólo porque era un rollazo o porque tenía granos. En cuanto querías entrar a algún cuarto te cerraban la puerta en las narices. Tenían una sociedad secreta en la que ingresé sólo por miedo, pero había un chico que se llamaba Robert Ackley y que quería pertenecer a ella. Pues no le dejaron porque era pesadísimo y tenía acné. No quiero ni acordarme de todo eso. Era un colegio asqueroso. Créeme.

Phoebe no dijo nada, pero me escuchaba muy atenta. Se le notaba en la nuca. Da gusto porque siempre presta atención cuando uno le habla. Y lo más gracioso es que casi siempre entiende perfectamente lo que uno quiere decir. De verdad.

Seguí hablándole de Pencey. De pronto me apetecía.

—Hasta los profesores más pasables del colegio eran también falsísimos. Había uno, un vejete que se llamaba Spencer. Su mujer nos daba siempre chocolate y de verdad que eran muy buena gente. Pues no te imaginas un día que Thurmer, el director, entró en la clase de historia y se sentó en la fila de atrás. Siempre iba a todas las clases y se sentaba detrás de todo, como si fuera de incógnito o algo así. Pues aquel día vino y al rato empezó a interrumpir al profesor con unos chistes malísimos. Spencer hacía como si se partiera de risa y luego no hacía más que sonreírle como si Thurmer fuera una especie de dios del Olimpo o algo así.

—No digas palabrotas.

—Daban ganas de vomitar, de verdad —le dije—. Y luego el día de los Antiguos. En Pencey hay un día en que los antiguos alumnos, los que salieron del colegio en 1776 o por ahí, vienen y se pasean por todo el edificio con sus mujeres y sus hijos y todo el familión. No te imaginas lo que es eso. Un tío como de cincuenta años llamó a la puerta de nuestra habitación y nos preguntó si podía pasar al baño. Estaba al final del pasillo, o sea que no sé por qué tuvo que pedirnos permiso a nosotros. ¿Sabes lo que nos dijo? Que quería ver si aún estaban sus iniciales en la puerta de uno de los retretes. Las había grabado hacía como veinte años y quería ver si seguían allí. Así que mi compañero de cuarto y yo tuvimos que acompañarle y esperar de pie a que revisara la dichosa puerta de arriba a abajo. Mientras tanto nos dijo cincuenta veces que los días que había pasado en Pencey habían sido los más felices de toda su vida y no paró de darnos consejos para el futuro y todo eso. ¡Jo! ¡Cómo me deprimió aquel tío! No es que fuera mala persona, de verdad. Pero es que no hace falta ser mala persona para destrozarle a uno. Puedes ser una persona estupenda y dejar a un tío deshecho; No tienes más que darle un montón de consejos mientras buscas tus iniciales en la puerta de un retrete. Eso es todo. No sé, a lo mejor no me habría deprimido tanto si hubiera jadeado un poco menos. Pero se había quedado sin aliento al subir las escaleras y todo el rato que estuvo buscando sus iniciales se lo pasó jadeando sin parar. Las aletas de la nariz se le movían de una manera tristísima mientras nos decía a Stradlater y a mí que aprendiéramos en el colegio todo lo que pudiéramos. ¡Dios mío, Phoebe! ¡No puedo explicártelo! No aguantaba Pencey, pero no puedo explicarte por qué.

Phoebe dijo algo pero no pude entenderla. Tenía media boca aplastada contra la almohada y no la oía.

—¿Qué? —le dije—. Saca la boca de ahí. No te entiendo.

—Que a ti nunca te gusta nada.

Aquello me deprimió aún más.

—Hay cosas que me gustan. Claro que sí. No digas eso. ¿Por qué lo dices?

—

—Porque es verdad. No te gusta ningún colegio, no te gusta nada de nada. *Nada.*

—¿Cómo que no? Ahí es donde te equivocas. Ahí es precisamente donde te equivocas. ¿Por qué tienes que decir eso? —le dije. ¡Jo! ¡Cómo me estaba deprimiendo!

—Porque es la verdad. Di una sola cosa que te guste.

—¿Una sola cosa? Bueno.

Lo que me pasaba es que no podía concentrarme. A veces cuesta muchísimo trabajo.

—¿Una cosa que me guste mucho? —le pregunté.

No me contestó. Estaba hecha un ovillo al otro lado de la cama, como a mil millas de distancia.

—Vamos, contéstame —le dije—. ¿Tiene que ser una cosa que guste mucho, o basta con algo que me guste un poco?

—Una cosa que te guste mucho.

—Bien —le dije. Pero no podía concentrarme. Lo único que se me ocurría eran aquellas dos monjas que iban por ahí pidiendo con sus cestas. Sobre todo la de las gafas de montura de metal. Y un chico que había conocido en Elkton Hills. Se llamaba James Castle y se negó a retirar lo que había dicho de un tío insoportable, un tal Phil Stabile. Un día había comentado con otros chicos que era un creído, y uno de los amigos de Stabile le fue corriendo con el cuento. Phil Stabile se presentó con otros seis hijoputas en su cuarto, cerraron la puerta con llave y trataron de obligarle a que retirara lo dicho, pero Castle se negó. Le dieron una paliza tremenda. No les diré lo que le hicieron porque es demasiado repugnante, pero el caso es que Castle siguió sin retractarse. Era un tío delgadísimo y muy débil, con unas muñecas que parecían lápices. Al final, antes de desdecirse, prefirió tirarse por la ventana. Yo estaba en la ducha y oí el ruido que hizo al caer, pero creí que había sido una radio, o un pupitre, o una cosa así, no una persona. Luego oí carreras por el pasillo y tíos corriendo por las escaleras, así que me puse la bata, bajé, y, tendido sobre la escalinata de la entrada, vi a James Castle. Estaba muerto. Todo alrededor había desparramados dientes y manchas de sangre y todo eso, y nadie se atrevía a acercarse siquiera. Llevaba puesto un jersey de cuello alto que yo le había prestado. A los chicos que le habían pegado no hicieron más que expulsarles. Ni siquiera los metieron en la cárcel.

—

Pues no se me ocurría nada más. Sólo las dos monjas con las que había hablado durante el desayuno y ese chico que había conocido en Elkton Hills. Lo más curioso es que a James Castle le había conocido poquísimo. Era un tío muy callado. Estábamos en la misma clase de matemáticas, pero se sentaba siempre al final de todo y nunca se levantaba ni para decir la lección, ni para ir a la pizarra, ni nada. Creo que sólo hablé con él el día que vino a preguntarme si le prestaba el jersey. Me quedé tan asombrado que por poco me caí sentado. Recuerdo que estaba lavándome los dientes. El se acercó y me dijo que iba a venir a verle un primo suyo para llevarle a dar un paseo en coche. No sé siquiera ni cómo sabía que yo tenía un jersey de cuello alto. Lo conocía porque iba delante de mí en la lista: Cabel, R.; Cable, W.; Castle, J.; Caulfield. Todavía me acuerdo. Si quieren que les diga la verdad, estuve a punto de no prestárselo. Sólo porque apenas le conocía.

—¿Qué dices? —le pregunté a Phoebe. Me había dicho algo, pero no la había entendido.

—¿Ves como no hay una sola cosa que te guste?

—Sí hay. Claro que sí.

—¿Cuál?

—Me gusta Allie, y me gusta hacer lo que estoy haciendo ahora. Hablar aquí contigo, y pensar en cosas, y...

—Allie está muerto. No vale. Si una persona está muerta y en el Cielo, no vale...

—Ya lo sé que está muerto. ¿Te crees que no lo sé? Pero puedo quererle, ¿no? No sé por qué hay que dejar de querer a una persona sólo porque se haya muerto. Sobre todo si era cien veces mejor que los que siguen viviendo.

Phoebe no contestó. Cuando no se le ocurre nada que decir, se cierra como una almeja.

—Además, ya te digo que también me gusta esto. Estar aquí sentado contigo perdiendo el tiempo...

—Pero esto no es nada.

—Claro que sí. Claro que es algo. ¿Por qué no? La gente nunca le da importancia a las cosas. ¡Maldita sea! Estoy harto.

—Deja de jurar y dime otra cosa. Dime por ejemplo qué te gustaría ser. Científico o abogado o qué.

—Científico no. Para las ciencias soy un desastre.

—Entonces abogado como papá.

—Supongo que eso no estaría mal, pero no me gusta. Me gustaría si los abogados fueran por ahí salvando de verdad vidas de tipos inocentes, pero eso nunca lo hacen. Lo que hacen es ganar un montón de pasta, jugar al golf y al bridge, comprarse coches, beber martinis secos y darse mucha importancia. Además, si de verdad te. pones a defender a tíos inocentes, ¿cómo sabes que lo haces porque quieres salvarles la vida, o porque quieres que todos te consideren un abogado estupendo y te den palmaditas en la espalda y te feliciten los periodistas cuando acaba el juicio como pasa en toda esa imbecilidad de películas? ¡Cómo sabes tú mismo que no te estás mintiendo? Eso es lo malo, que nunca llegas a saberlo.

No sé si Phoebe entendía o no lo que quería decir porque es aún muy cría para eso, pero al menos me escuchaba. Da gusto que le escuchen a uno.

—Papá va a matarte. Va a matarte —me dijo.

Pero no la oí. Estaba pensando en otra cosa. En una cosa absurda.

—¿Sabes lo que me gustaría ser? ¿Sabes lo que me gustaría ser de verdad si pudiera elegir?

—¿Qué?

—¿Te acuerdas de esa canción que dice, «Si un cuerpo coge a otro cuerpo, cuando van entre el centeno...»? Me gustaría...

—Es «Si un cuerpo encuentra a otro cuerpo, cuando van entre el centeno» —dijo Phoebe—. Y es un poema. Un poema de Robert Burns.

—Ya sé que es un poema de Robert Burns.

Tenía razón. Es «Si un cuerpo encuentra a otro cuerpo, cuando van entre el centeno», pero entonces no lo sabía.

—

—Creí que era, «Si un cuerpo coge a otro cuerpo» —le dije—, pero, verás. Muchas veces me imagino que hay un montón de niños jugando en un campo de centeno. Miles de niños. Y están solos, quiero decir que no hay nadie mayor vigilándolos. Sólo yo. Estoy al borde de un precipicio y mi trabajo consiste en evitar que los niños caigan a él. En cuanto empiezan a correr sin mirar adonde van, yo salgo de donde esté y los cojo. Eso es lo que me gustaría hacer todo el tiempo. Vigilarlos. Yo sería el guardián entre el centeno. Te parecerá una tontería, pero es lo único que de verdad me gustaría hacer. Sé que es una locura.

Phoebe se quedó callada mucho tiempo. Luego, cuando al fin habló, sólo dijo:

—Papá va a matarte.

—Por mí que lo haga —le dije. Me levanté de la cama porque quería llamar al que había sido profesor mío de literatura en Elkton Hills, el señor Antolini. Ahora vivía en Nueva York. Había dejado el colegio para ir a enseñar a la Universidad—. Tengo que hacer una llamada —le dije a Phoebe—. Enseguida vuelvo. No te duermas.

No quería que se durmiera mientras yo estaba en el salón. Sabía que no lo haría, pero aun así se lo dije para asegurarme.

Mientras iba hacia la puerta, Phoebe me llamó:

—¡Holden!

Me volví. Se había sentado en la cama. Estaba guapísima.

—Una amiga mía, Phillis Margulis, me ha enseñado a eructarme —dijo—. Escucha.

Escuché y oí algo, pero nada espectacular.

—Lo haces muy bien —le dije, y luego me fui al salón a llamar al señor Antolini.

Capítulo 23

Hablé muy poco rato porque tenía miedo de que llegaran mis padres y me pescaran con las manos en la masa. Pero tuve suerte. El señor Antolini estuvo muy amable. Me dijo que si quería, vendría a buscarme inmediatamente. Creo que les desperté a él y a su mujer porque tardaron muchísimo en coger el teléfono. Lo primero que me preguntó fue que si me pasaba algo grave y yo le contesté que no. Pero le dije que me habían echado de Pencey. Pensé que era mejor que lo supiera cuanto antes. Me dijo: «¡Vaya por Dios! ¡Buena la hemos hecho!». La verdad es que tenía bastante sentido del humor. Me dijo también que si quería podía ir para allá en seguida.

El señor Antolini es el mejor profesor que he tenido nunca. Es bastante joven, un poco mayor que mi hermano D.B., y se puede bromear con él sin perderle el respeto ni nada. El fue quien recogió el cuerpo de James Castle cuando se tiró por la ventana. El señor Antolini se le acercó, le tomó el pulso, se quitó el abrigo, cubrió el cadáver con él y lo llevó a la enfermería. No le importó nada que el abrigo se le manchara todo de sangre.

Cuando volví a la habitación de D.B., Phoebe había puesto la radio. Daban música de baile. Había bajado mucho el volumen para que no lo oyera la criada. No se imaginan lo mona que estaba. Se había sentado sobre la colcha en medio de la cama con las piernas cruzadas como si estuviera haciendo yoga. Escuchaba la música. Me hizo una gracia horrorosa.

—Vamos —le dije—, ¿quieres bailar?

La enseñé cuando era pequeña y baila estupendamente. De mí no aprendió más que unos cuantos pasos, el resto lo aprendió ella sola. Bailar es una de esas cosas que se .lleva en la sangre.

—Pero llevas zapatos.

—Me los quitaré. Vamos.

—

Bajó de un salto de la cama, esperó a que me descalzara, y luego bailamos un rato. Lo hace maravillosamente. Por lo general me revienta cuando los mayores bailan con niños chicos, por ejemplo cuando va uno a un restaurante y ve a un señor sacar a bailar a una niña. La cría no sabe dar un paso y el señor le levanta todo él vestido por atrás, y resulta horrible. Por eso Phoebe y yo nunca bailamos en público. Sólo hacemos un poco el indio en casa. Además con ella es distinto porque sí sabe bailar. Te sigue hagas lo que hagas. Si la aprieto bien fuerte, no importa que yo tenga las piernas mucho más largas que ella. Y puedes hacer lo que quieras, dar unos pasos bien difíciles, o inclinarte a un lado de pronto, o saltar como si fuera una polka, lo mismo da, ella te sigue. Hasta puede con el tango.

Bailamos cuatro piezas. En los descansos me hace . muchísima gracia. Se queda quieta en posición, esperando sin hablar ni nada. A mí me obliga a hacer lo mismo hasta que la orquesta empieza a tocar otra vez. Está divertidísima, pero no le deja a uno ni reírse ni nada.

Bueno, como les iba diciendo, bailamos cuatro piezas y luego Phoebe quitó la radio. Volvió a subir a la cama de un salto y se metió entre las sábanas.

—Estoy mejorando, ¿verdad? —me preguntó.

—Muchísimo —le dije. Volví a sentarme en la cama a su lado. Estaba jadeando. De tanto fumar no podía ya ni respirar. Ella en cambio seguía como si nada.

—Tócame la frente —dijo de pronto.

—¿Para qué?

—Tócamela. Sólo una vez.

Lo hice, pero no noté nada.

—¿No te parece que tengo fiebre?

—No. ¿Es que tienes?

—Sí. La estoy provocando. Tócamela otra vez.

Volví a ponerle la mano en la frente y tampoco sentí nada, pero le dije:

—Creo que ya empieza a subir —no quería que le entrara complejo de inferioridad.

Asintió.

—Puedo hacer que suba muchísimo el *ternómetro*.

—Se dice «termómetro». ¿Quién te ha enseñado?

—Alice Homberg. Sólo tienes que cruzar las piernas, contener el aliento y concentrarte en algo muy caliente como un radiador o algo así. Te arde tanto la frente que hasta puedes quemarle la mano a alguien.

¡Qué risa! Retiré la mano corriendo como si me diera un miedo terrible.

—Gracias por avisarme —le dije.

—A ti no te habría quemado. Habría parado antes. ¡Chist!

Se sentó en la cama a toda velocidad. Me dio un susto de muerte.

—¡La puerta! —me dijo en un susurro—. Son ellos.

De un salto me acerqué al escritorio y apagué la luz. Aplasté la punta del cigarrillo contra la suela de un zapato y me metí la colilla en el bolsillo. Luego agité la mano en el aire para disipar un poco el humo. No debía haber fumado. Cogí los zapatos, me metí en el armario y cerré la puerta. ¡Jo! El corazón me latía como un condenado.

Sentí a mi madre entrar en la habitación.

—¿Phoebe? —dijo—. No te hagas la dormida. He visto la luz, señorita.

—Hola —dijo Phoebe—. No podía dormir. ¿Os habéis divertido?

—Muchísimo —dijo mi madre, pero se le notaba que no era verdad. No le gustan mucho las fiestas—. Y ¿por qué estás despierta, señorita, si es que puede saberse? ¿Tenías frío?

—No tenía frío. Es que no podía dormir.

—Phoebe, ¿has estado fumando? Dime la verdad.

—¿Qué? —dijo Phoebe.

—Ya me has oído.

—Encendí un cigarrillo un segundo. Sólo le di una pitada. Luego lo tiré por la ventana.

—Y ¿puedes decirme por qué?

—No podía dormir.

—

—No me gusta que hagas eso, Phoebe. No me gusta nada —dijo mi madre—. ¿Quieres que te ponga otra manta?

—No, gracias. Buenas noches —dijo Phoebe. Se le notaba que estaba deseando que se fuera.

—¿Qué tal la película? —le preguntó mi madre.

—Estupenda. Sólo que la madre de Alice se pasó todo el rato preguntándole que si tenía fiebre. Volvimos en taxi.

—Déjame que te toque la frente.

—Estoy bien. Alice no tenía nada. Es que su madre es una pesada.

—Bueno, ahora a dormir. ¿Qué tal la cena?

—Asquerosa —dijo Phoebe.

—Tu padre te ha dicho mil veces que no digas esas cosas. ¿Por qué asquerosa? Era una chuleta de cordero estupenda. Fui hasta Lexington sólo para...

—No era la chuleta. Es que Charlene te echa el alientazo encima cada vez que te sirve algo. Echa toda la respiración encima de la comida.

—Bueno. A dormir. Dame un beso. ¿Has rezado tus oraciones?

—Sí. En el baño. Buenas noches.

—Buenas noches. Que te duermas pronto. Tengo un dolor de cabeza tremendo —dijo mi madre. Suele tener unas jaquecas terribles, de verdad.

—Tómate unas cuantas aspirinas —dijo Phoebe—. Holden vuelve el miércoles, ¿verdad?

—Eso parece. Métete bien dentro, anda. Hasta abajo.

Oí a mi madre salir y cerrar la puerta. Esperé un par de minutos y salí del armario. Me di de narices con Phoebe que había saltado de la cama en medio de la oscuridad para avisarme.

—¿Te he hecho daño? —le pregunté. Ahora que estaban en casa, teníamos que hablar en voz muy baja.

—Tengo que irme —le dije. Encontré a tientas el borde de la cama, me senté en él y empecé a ponerme los zapatos. Estaba muy nervioso, lo confieso.

—No te vayas aún —dijo Phoebe—. Espera a que se duerman.

—No. Ahora es el mejor momento. Mamá estará en el baño y papá oyendo las noticias. Es mi oportunidad.

A duras penas podía abrocharme los zapatos de nervioso que estaba. No es que me hubieran matado de haberme encontrado en casa, pero sí habría sido bastante desagradable.

—¿Dónde te has metido? —le dije a Phoebe. Estaba tan oscuro que no se veía nada.

—Aquí.

Resulta que estaba allí a dos pasos y ni la veía.

—Tengo las maletas en la estación —le dije—. Oye, ¿tienes algo de dinero? Estoy casi sin blanca.

—Tengo el que he ahorrado para Navidad. Para los regalos. Pero aún no he gastado nada.

No me gustaba la idea de llevarme la pasta que había ido guardando para eso.

—¿Quieres que te lo preste?

—No quiero dejarte sin dinero para Navidad.

—Puedo dejarte una parte —me dijo. Luego la oí acercarse al escritorio de D.B., abrir un millón de cajones, y tantear con la mano. El cuarto estaba en tinieblas.

—Si te vas no me verás en la función —dijo. La voz le sonaba un poco rara.

—Sí, claro que te veré. No me iré hasta después. ¿Crees que voy a perdérmela? —le dije—. Probablemente me quedaré en casa del señor Antolini hasta el martes por la noche y luego vendré a casa. Si puedo te telefonearé.

—Toma —dijo Phoebe. Trataba de darme la pasta en medio de aquella oscuridad, pero no me encontraba.

—¿Dónde estás?

Me puso el dinero en la mano.

—Oye, no necesito tanto —le dije—. Préstame sólo dos dólares. De verdad. Toma.

Traté de darle el resto, pero no me dejó.

—

—Puedes llevártelo todo. Ya me lo devolverás. Tráelo cuando vengas a la función.

—Pero, ¿cuánto me das?

—Ocho dólares con ochenta y cinco centavos. No, sesenta y cinco. Me he gastado un poco.

De pronto me eché a llorar. No pude evitarlo. Lloré bajito para que no me oyeran, pero lloré. Phoebe se asustó muchísimo. Se acercó a mí y trató de calmarme, pero cuando uno empieza no puede pararse de golpe y porrazo. Seguía sentado al borde de la cama. Phoebe me echó los brazos al cuello y yo le rodeé los hombros con un brazo, pero aun así no pude dejar de llorar. Creí que me ahogaba. ¡Jo! ¡Qué susto le di a la pobre! Noté que tiritaba porque sólo llevaba el pijama y estaba abierta la ventana. Traté de obligarla a que volviera a la cama pero no quiso. Al final me calmé, pero después de mucho mucho rato. Acabé de abrocharme el abrigo y le dije que me pondría en contacto con ella en cuanto pudiera. Me dijo que podía dormir en su cama si quería, pero yo le contesté que no, que era mejor que me fuera porque el señor Antolini estaba esperándome y todo. Luego saqué del bolsillo la gorra de caza y se la di. Le gustan mucho esas cosas. Al principio no quiso quedársela, pero yo la obligué. Estoy seguro de que durmió con ella puesta. Le encantan ese tipo de gorras. Le dije que la llamaría en cuanto pudiera y me fui. Resultó mucho más fácil salir de casa que entrar. Creo que sobre todo porque de pronto ya no me importaba que me cogieran. De verdad. Si me pillaban, me pillaban. En cierto modo, creo que hasta me hubiera alegrado.

Bajé por la escalera de servicio en vez de tomar el ascensor. Casi me rompo la crisma porque tropecé con unos diez mil cubos de basura, pero al final llegué al vestíbulo. El ascensorista ni siquiera me vio. Probablemente se cree que sigo en casa de los Dickstein.

Capítulo 24

El señor Antolini y su mujer tenían un apartamento muy elegante en Sutton Place con bar y dos escalones para bajar al salón y todo. Yo había estado allí muchas veces porque cuando me echaron de Elkton Hills el señor Antolini venía a mi casa con mucha frecuencia a cenar y a ver cómo seguía. Entonces aún estaba soltero. Luego, cuando se casó, solíamos jugar al tenis los tres en el West Side Tennis Club de Forest Hills al que pertenecía su mujer. La señora Antolini estaba podrida de dinero. Era como sesenta años mayor que su marido, pero, al parecer, se llevaban muy bien. Los dos eran muy intelectuales, sobre todo él, sólo que cuando hablaba conmigo era más ingenioso que intelectual, lo mismo que D.B. La señora Antolini tiraba más a lo serio. Tenía bastante asma. Los dos leían todos los cuentos de mi hermano —ella también—, y cuando D.B. se marchó a Hollywood el señor Antolini le llamó para decirle que no fuera, que un tío que escribía tan bien como él no tenía nada que hacer en el cine. Prácticamente lo mismo que le dije yo. Pero D.B. no le hizo caso.

Debí haber ido a su casa andando porque no quería gastar el dinero que me había dado Phoebe si no era en algo absolutamente indispensable, pero cuando salí a la calle sentí una sensación rara, como de mareo, así que tomé un taxi. De verdad que no quería, pero no tuve más remedio. No saben lo que me costó encontrar uno a esa hora.

Cuando llamé al timbre de la puerta —una vez que el ascensorista, el muy cerdo, se decidió a subirme—, salió a abrir el señor Antolini. Iba en batín y zapatillas y llevaba un vaso en la mano. Era un tío con mucho mundo y le daba bien al alcohol.

—¡Holden, muchacho! —me dijo—. ¡Dios mío! Ya has crecido como veinte pulgadas más. ¡Cuánto me alegro de verte!

—

—¿Cómo está usted, señor Antolini? ¿Cómo está la señora Antolini?

—Muy bien los dos. Venga, dame ese abrigo.

Me lo quitó de la mano y lo colgó.

—Esperaba verte llegar con un recién nacido en los brazos. Nadie a quien recurrir, lágrimas, copos de nieve en las pestañas...

Cuando quiere es un tío muy ingenioso. Luego se volvió y gritó, en dirección a la cocina:

—¡Lillian! ¿Cómo va ese café? —Lillian era el nombre de su mujer.

—Ya está listo —contestó ella también a gritos—. ¿Ha llegado Holden? ¡Hola, Holden!

—Hola señora Antolini.

Se hablaban todo el tiempo a berridos. Supongo que era porque nunca estaban juntos en la misma habitación. Tenía gracia.

—Siéntate, Holden —dijo el señor Antolini. Se le notaba que estaba un poco curda. En el salón había por todas partes copas y platitos llenos de cacahuetes y cosas así, como si hubiera habido una fiesta.

—No te fijes en este desorden —me dijo—. Hemos tenido que invitar a unos amigos de mi mujer. Unos tipos de Buffalo. Más bien diría que unos búfalos.

Me reí. La señora Antolini me gritó algo desde la cocina, pero no pude entenderla.

—¿Qué ha dicho? —le pregunté a su marido.

—Que no se te ocurra mirarla cuando entre. Acaba de levantarse de la cama. Coge un cigarrillo. ¿Sigues fumando?

—Gracias —le dije. Tomé uno de la caja que me ofrecía abierta—. A veces. Fumo con moderación.

—No lo dudo —me dijo. Me acercó un encendedor que había sobre la mesa—. Así que Pencey y tú habéis dejado de ser uno.

Siempre decía cosas así. Unas veces me hacía gracia y otras no. Creo que se le iba un poco la mano, aunque con eso no quiero decir que no fuera ingenioso. Lo era, pero a veces le pone a uno nervioso que le digan cosas de ese estilo todo el tiempo. D.B. hace lo mismo.

—¿Qué pasó? —dijo el señor Antolini—. ¿Qué tal saliste en Lengua? Ahora mismo te pongo de patitas en la calle si me dices que te han suspendido a ti, el mejor escritor de composiciones que haya visto este país.

—No, en Lengua me han aprobado, aunque era casi todo literatura. Sólo he escrito dos composiciones en todo el semestre —le dije—. Lo que sí he suspendido es Expresión Oral. Era una asignatura obligatoria. En ésa me han cateado.

—¿Por qué?

—No lo sé.

La verdad es que no tenía ganas de contárselo. Aún me sentía un poco mareado y de pronto me había entrado un dolor de cabeza terrible. De verdad. Pero como se le notaba que estaba muy interesado en el asunto, le expliqué un poco en qué consistía esa clase.

—Es un curso en que cada chico tiene que levantarse y dar una especie de charla. Ya sabe. Muy espontánea y todo eso. En cuanto el que habla se sale del tema los demás tienen que gritarle, «Digresión». Me ponía malo. Me suspendieron.

—¿Por qué?

—No lo sé. Eso de tener que gritar «Digresión» me ponía los nervios de punta. No puedo decirle por qué. Creo que lo que pasa es que cuando lo paso mejor es precisamente cuando alguien empieza a divagar. Es mucho más interesante.

—¿No te gusta que la gente se atenga al tema?

—

—Sí, claro que me gusta que se atengan al tema, pero no demasiado. No sé. Me aburro cuando no divagan nada en absoluto. Los chicos que sacaban las mejores notas en Expresión Oral eran los que hablaban con más precisión, lo reconozco. Pero había uno que se llamaba Richard Kinsella y que siempre se iba por las nubes. Le gritaban «Digresión» todo el tiempo. Me daba muchísima pena porque, para empezar, era un tío muy nervioso, pero mucho, de esos que en cuanto les toca hablar empiezan a temblarles los labios. Si uno estaba sentado un poco atrás, ni siquiera le oía. Para mi gusto era el mejor de la clase, pero por poco le suspenden también. Le dieron un aprobado pelado sólo porque los otros le gritaban «Digresión» todo el tiempo. Por ejemplo, un día habló de una finca que había comprado su padre en Vermont. Bueno, pues el profesor, el señor Vinson, le puso un suspenso porque no dijo qué clase de animales y de verduras y de frutas producía. Lo que pasó es que Kinsella empezó hablando de todo eso, pero de pronto se puso a contarnos la historia de un tío suyo que había cogido la polio cuando tenía cuarenta y dos años y no quería que nadie fuera a visitarle al hospital para que no le vieran paralítico. Reconozco que no tenía nada que ver con la finca, pero era muy bonito. Me gusta mucho más que un chico me hable de su tío. Sobre todo cuando empieza hablando de una finca y de repente se pone a hablar de una persona. Es un crimen gritarle a un tío «Digresión» cuando está en medio de... No sé. Es difícil de explicar.

Tenía un dolor de cabeza horrible y estaba deseando que apareciera la señora Antolini con el café. Si hay una cosa que me molesta es cuando alguien te dice que algo está listo y resulta que no es verdad.

—Holden, una breve pregunta de tipo pedagógico y ligeramente cargante. ¿No crees que hay un momento y un lugar apropiados para cada cosa? ¿No crees que si alguien empieza a hablarte de la finca de su padre debe atenerse al tema primero y después hablarte, si quiere, de la parálisis de su tío? Por otra parte, si esa parálisis le parece tan fascinante, ¿por qué no la elige como tema para la charla en vez de la finca?

No tenía ganas de contestarle a todo eso. Me encontraba muy mal. Hasta empezaba a dolerme el estómago.

—Sí. Supongo que sí. Supongo que debía haber elegido como tema a su tío si es que le interesaba tanto. Pero es que hay quien no sabe lo que le interesa hasta que empieza a hablar de algo que le aburre. A veces es inevitable. Por eso creo que es mejor que le dejen a uno en paz si lo pasa muy bien con lo que dice. Es bonito que la gente se emocione con algo. Lo que pasa es que usted no conoce al señor Vinson. Le volvía a uno loco. Continuamente nos repetía que había que unificar y simplificar. No veo cómo se puede unificar y simplificar así por las buenas, sólo porque a uno le dé la gana. Usted no conoce a ese Vinson. A lo mejor era muy inteligente, pero a mí me parece que no tenía más seso que un mosquito.

—Caballeros, el café al fin.

La señora Antolini entró en el salón llevando una bandeja con dos tazas de café y un plato de pasteles.

—Holden, no se te ocurra ni mirarme. Voy hecha un cuadro.

—¿Cómo está usted, señora Antolini?

Empecé a levantarme, pero el señor Antolini me tiró de la chaqueta y me obligó a sentarme. Su mujer tenía la cabeza llena de rulos. No llevaba maquillaje ni nada y la verdad es que estaba bastante fea. De pronto parecía mucho más vieja.

—Bueno, os dejo esto aquí. Servios lo que queráis —dijo mientras ponía la bandeja sobre la mesa empujando hacia un lado todos los vasos—. ¿Cómo está tu madre, Holden?

—Muy bien, gracias. Hace bastante que no la veo, pero la última vez...

—

—Si Holden necesita algo, está todo en el ropero. En el estante de arriba. Yo me voy a acostar. Estoy muerta —dijo la señora Antolini. Se le notaba—. ¿Sabréis hacer la cama en el sofá vosotros solos?

—Ya nos las arreglaremos. Tú vete a dormir —dijo el señor Antolini. Se dieron un beso y luego ella me dijo adiós y se fue a su cuarto. Siempre se estaban besuqueando en público.

Tomé un poco de café y medio pastel que, por cierto, estaba más duro que una piedra. El señor Antolini se tomó otro cocktail. Los hace bastante fuertes, se le nota. Si no se anda con ojo acabará alcoholizado.

—Comí con tu padre hace un par de semanas —me dijo de repente—. ¿Te lo ha dicho?

—No. No sabía nada.

—Está muy preocupado por ti.

—Sí. Ya lo sé.

—Al parecer, cuando me telefoneó acababa de recibir una carta del director de Pencey en que le decía que ibas muy mal, que hacías novillos, que no estudiabas, que, en general...

—No hacía novillos. Allí era imposible. Falté un par de veces a la clase de Expresión Oral, pero eso no es hacer novillos.

No tenía ganas de hablar del asunto. El café me había sentado un poco el estómago, pero seguía teniendo un dolor de cabeza terrible.

El señor Antolini encendió otro cigarrillo. Fumaba como un energúmeno. Luego dijo:

—Francamente, no sé qué decirte, Holden.

—Lo sé. Es muy difícil hablar conmigo. Me doy cuenta.

—Me da la sensación de que avanzas hacia un fin terrible. Pero, sinceramente, no sé qué clase de... ¿Me escuchas?

—Sí.

Se le notaba que estaba tratando de concentrarse.

—Puede que a los treinta años te encuentres un día sentado en un bar odiando a todos los que entran y tengan aspecto de haber jugado al fútbol en la universidad. O puede que llegues a adquirir la cultura suficiente como para aborrecer a los que dicen «Ves a verla». O puede que acabes de oficinista tirándole grapas a la secretaria más cercana. No lo sé. Pero entiendes adonde voy a parar, ¿verdad?

—Sí, claro —le dije. Y era verdad. Pero se equivocaba en eso de que acabaré odiando a los que hayan jugado al fútbol en la universidad. En serio. No odio a casi nadie. Es posible que alguien me reviente durante una temporada, como me pasaba con Stradlater o Robert Ackley. Los odio unas cuantas horas o unos cuantos días, pero después se me pasa. Hasta es posible que si luego no vienen a mi habitación o no los veo en el comedor, les eche un poco de menos.

El señor Antolini se quedó un rato callado. Luego se levantó, se sirvió otro cubito de hielo, y volvió a sentarse. Se le notaba que estaba pensando. Habría dado cualquier cosa porque hubiera continuado la conversación a la mañana siguiente, pero no había manera de pararle. La gente siempre se empeña en hablar cuando el otro no tiene la menor gana de hacerlo.

—Está bien. Puede que no me exprese de forma memorable en este momento. Dentro de un par de días te escribiré una carta y lo entenderás todo, pero ahora escúchame de todos modos —me dijo. Volvió a concentrarse. Luego continuó—. Esta caída que te anuncio es de un tipo muy especial, terrible. Es de aquellas en que al que cae no se le permite llegar nunca al fondo. Sigue cayendo y cayendo indefinidamente. Es la clase de caída que acecha a los hombres que en algún momento de su vida han buscado en su entorno algo que éste no podía proporcionarles, o al menos así lo creyeron ellos. En todo caso dejaron de buscar. De hecho, abandonaron la búsqueda antes de iniciarla siquiera. ¿Me sigues?

—Sí, señor.

—¿Estás seguro?

—

—Sí.

Se levantó y se sirvió otra copa. Luego volvió a sentarse. Nos pasamos un buen rato en silencio.

—No quiero asustarte —continuó—, pero te imagino con toda facilidad muriendo noblemente de un modo o de otro por una causa totalmente inane.

Me miró de una forma muy rara y dijo:

—Si escribo una cosa, ¿la leerás con atención?

—Claro que sí —le dije. Y así lo hice. Aún tengo el papel que me dio. Se acercó a un escritorio que había al otro lado de la habitación y, sin sentarse, escribió algo en una hoja de papel. Volvió con ella en la mano y se instaló a mi lado.

—Por raro que te parezca, esto no lo ha escrito un poeta. Lo dijo un sicoanalista que se llamaba Wilhelm Stekel. Esto es lo que... ¿Me sigues?

—Sí, claro que sí.

—Esto es lo que dijo: «Lo que distingue al hombre insensato del sensato es que el primero ansia morir orgullosamente por una causa, mientras que el segundo aspira a vivir humildemente por ella.»

Se inclinó hacia mí y me dio el papel. Lo leí y me lo metí en el bolsillo. Le agradecí mucho que se molestara, de verdad. Lo que pasaba es que no podía concentrarme. ¡Jo! ¡Qué agotado me sentía de repente!

Pero se notaba que el señor Antolini no estaba nada cansado. Curda, en cambio, estaba un rato.

—Creo que un día de estos —dijo—, averiguarás qué es lo que quieres. Y entonces tendrás que aplicarte a ello inmediatamente. No podrás perder ni un solo minuto. Eso sería un lujo que no podrás permitirte.

Asentí porque no me quitaba ojo de encima, pero la verdad es que no le entendí muy bien lo que quería decir. Creo que sabía vagamente a qué se refería, pero en aquel momento no acababa de entenderlo. Estaba demasiado cansado.

—Y sé que esto no va a gustarte nada —continuó—, pero en cuanto descubras qué es lo que quieres, lo primero que tendrás que hacer será tomarte en serio el colegio. No te quedará otro remedio. Te guste o no, lo cierto es que eres estudiante. Amas el conocimiento. Y creo que una vez que hayas dejado atrás las clases de Expresión Oral y a todos esos Vicens...

—Vinson —le dije. Se había equivocado de nombre, pero no debí interrumpirle.

—Bueno, lo mismo da. Una vez que los dejes atrás, comenzarás a acercarte —si ése es tu deseo y tu esperanza— a un tipo de conocimiento muy querido de tu corazón. Entre otras cosas, verás que no eres la primera persona a quien la conducta humana ha confundido, asustado, y hasta asqueado. Te alegrará y te animará saber que no estás solo en ese sentido. Son muchos los hombres que han sufrido moral y espiritualmente del mismo modo que tú. Felizmente, algunos de ellos han dejado constancia de su sufrimiento. Y de ellos aprenderás si lo deseas. Del mismo modo que alguien aprenderá algún día de ti si sabes dejar una huella. Se trata de un hermoso intercambio que no tiene nada que ver con la educación. Es historia. Es poesía.

Se detuvo y dio un largo sorbo a su bebida. Luego volvió a la carga. ¡Jo! ¡Se había disparado! No traté de pararle ni nada.

—Con esto no quiero decir que sólo los hombres cultivados puedan hacer una contribución significativa a la historia de la humanidad. No es así. Lo que sí afirmo, es que si esos hombres cultos tienen además genio creador, lo que desgraciadamente se da en muy pocos casos, dejan una huella mucho más profunda que los que poseen simplemente un talento innato. Tienden a expresarse con mayor claridad y a llevar su línea de pensamiento hasta las últimas consecuencias. Y lo que es más importante, el noventa por ciento de las veces tienen mayor humildad que el hombre no cultivado. ¿Me entiendes lo que quiero decir?

—Sí, señor.

—

Permaneció un largo rato en silencio. No sé si les habrá pasado alguna vez, pero es muy difícil estar esperando a que alguien termine de pensar y diga algo. Dificilísimo. Hice esfuerzos por no bostezar. No es que estuviera aburrido —no lo estaba—, pero de repente me había entrado un sueño tremendo.

—La educación académica te proporcionará algo más. Si la sigues con constancia, al cabo de un tiempo comenzará a darte una idea de la medida de tu inteligencia. De qué puede abarcar y qué no puede abarcar. Poco a poco comenzarás a discernir qué tipo de pensamiento halla cabida más cómodamente en tu mente. Y con ello ahorrarás tiempo porque ya no tratarás de adoptar ideas que no te van, o que no se avienen a tu inteligencia. Sabrás cuáles son exactamente tus medidas intelectuales y vestirás a tu mente de acuerdo con ellas.

De pronto, sin previo aviso, bostecé. Sé que fue una grosería, pero no pude evitarlo.

El señor Antolini se rió:

—Vamos —dijo mientras se levantaba—. Haremos la cama en el sofá.

Le seguí. Se acercó al armario y trató de bajar sábanas, mantas, y otras cosas así del estante de arriba, pero no pudo porque aún tenía el vaso en la mano. Se echó al coleto el poco líquido que quedaba dentro, lo dejó en el suelo, y luego bajó las cosas. Le ayudé a llevarlas hasta el sofá e hicimos la cama juntos. La verdad es que a él no se le daba muy bien. No estiraba las sábanas ni nada, pero me dio igual. Estaba tan cansado que podía haber dormido de pie.

—¿Qué tal tus muchas mujeres?

—Bien.

Reconozco que mi conversación no era muy brillante, pero no tenía ganas de hablar.

—¿Cómo está Sally?

Conocía a Sally Hayes. Se la había presentado una vez.

—Está bien. He salido con ella esta tarde.

¡Jo! ¡Parecía que habían pasado como veinte años desde entonces!

—Ya no tenemos mucho en común —le dije.

—Pero era una chica muy guapa. ¿Y la otra? Aquélla de que me hablaste. La que conociste en Maine.

—¿Jane Gallaher? Está bien. Probablemente la llamaré mañana.

Terminamos de hacer la cama.

—Es toda tuya —dijo el señor Antolini—. Pero no sé dónde vas a meter esas piernas que tienes.

—No se preocupe. Estoy acostumbrado a camas cortas —le dije—. Y muchas gracias. Usted y la señora Antolini me han salvado la vida esta noche.

—Ya sabes dónde está el baño. Si quieres algo, dame un grito. Aún estaré en la cocina un buen rato. ¿Te molestará la luz?

—No, claro que no. Muchas gracias.

—De nada. Buenas noches, guapetón.

—Buenas noches. Y muchas gracias.

Se fue a la cocina y yo me metí en el baño a desnudarme. No pude lavarme los dientes porque no había traído cepillo. Tampoco tenía pijama y el señor Antolini se había olvidado de prestarme uno de los suyos. Así que volví al salón, apagué la lámpara, y me acosté en calzoncillos. El sofá era cortísimo, pero aquella noche habría dormido de pie sin un solo parpadeo. Estuve pensando un par de segundos en lo que me había dicho el señor Antolini, en eso de que uno aprendía a calcular el tamaño de su inteligencia. La verdad es que era un tío muy listo. Pero no podía mantener los ojos abiertos y me dormí.

De pronto ocurrió algo. No quiero ni hablar de ello. No sé qué hora sería, pero el caso es que me desperté. Sentí algo en la cabeza. Era la mano de un tío. ¡Jo! ¡Vaya susto que me pegué! Era la mano del señor Antolini. Se había sentado en el suelo junto al sofá en medio de la oscuridad y estaba como acariciándome o dándome palmaditas en la cabeza. ¡Jo! ¡Les aseguro que pegué un salto hasta el techo!

—

—¿Qué está haciendo?

—Nada. Estaba sentado aquí admirando...

—Pero, ¿qué hace? —le pregunté de nuevo. No sabía ni qué decir. Estaba desconcertadísimo.

—¿Y si bajaras la voz? Ya te digo que estaba sentado aquí...

—Bueno, tengo que irme —le dije. ¡Jo! ¡Qué nervios! Empecé a ponerme los pantalones sin dar la luz ni nada. Pero estaba tan nervioso que no acertaba. En todos los colegios a los que he ido he conocido a un montón de pervertidos, más de los que se pueden imaginar, y siempre les da por montar el numerito cuando estoy delante.

—¿Que tienes que irte? ¿Adonde? —dijo el señor Antolini.

Trataba de hacerse el muy natural, como si todo fuera de lo más normal, pero de eso nada. Se lo digo yo.

—He dejado las maletas en la estación. Creo que será mejor que vaya a recogerlas. Tengo allí todas mis cosas.

—No tengas miedo que no va a llevárselas nadie. Vuelve a la cama. Yo voy a acostarme también. Pero, ¿qué te pasa?

—No me pasa nada. Es que tengo el dinero y todas mis cosas en esas maletas. Volveré enseguida. Tomaré un taxi y volveré inmediatamente.

¡Jo! No daba pie con bola en medio de aquella oscuridad.

—Es que el dinero no es mío. Es de mi madre.

—No digas tonterías. Holden. Vuelve a la cama. Yo me voy a dormir. El dinero seguirá allí por la mañana.

—No, de verdad. Tengo que irme. En serio.

Había terminado de vestirme, pero no encontraba la corbata. No me acordaba de dónde la había puesto. Dejé de buscarla y me puse la chaqueta sin más. El señor Antolini se había sentado ahora en un sillón que había a poca distancia del sofá. Estaba muy oscuro y no se veía muy bien, pero supe que me miraba. Seguía bebiendo como un cosaco porque llevaba su fiel compañero en la mano.

—Eres un chico muy raro.

—Lo sé —le dije.

Me cansé de buscar la corbata y decidí irme sin ella.

—Adiós —le dije—. Muchas gracias por todo. De verdad.

Me siguió hasta la puerta y se me quedó mirando desde el umbral mientras yo llamaba al ascensor. No me dijo nada, sólo repetía para sí eso de que era «un chico muy raro». ¡De raro, nada! Siguió allí de pie sin quitarme ojo de encima. En mi vida he esperado tanto tiempo a un ascensor. Se lo juro.

Como no se me ocurría de qué hablar y él seguía clavado sin moverse, al final le dije:

—Voy a empezar a leer libros buenos. De verdad.

Algo tenía que decir. Era una situación de lo más desairada.

—Recoge tus maletas y vuelve aquí inmediatamente. Dejaré la puerta abierta.

—Muchas gracias —le dije—. Adiós.

Por fin llegó el ascensor. Entré en él y bajé hasta el vestíbulo. ¡Jo! Iba temblando como un condenado. Cosas así me han pasado ya como veinte veces desde muy pequeño. No lo aguanto.

Capítulo 25

Cuando salí estaba empezando a amanecer. Hacía mucho frío pero me vino bien porque estaba sudando. No tenía ni idea de dónde meterme. No quería ir a un hotel y gastarme todo el dinero que me había dado Phoebe, así que me fui andando hasta Lexington y allí tomé el metro a la estación de Grand Central. Tenía las maletas en esa consigna y pensé que podría dormir un poco en esa horrible sala de espera donde hay un montón de bancos. Y eso es lo que hice. Al principio no estuvo tan mal porque como no había mucha gente pude echarme todo lo largo que era en un banco. Pero prefiero no hablarles de aquello. No fue nada agradable. No se les ocurra intentarlo nunca, de verdad. No saben lo deprimente que es.

Dormí sólo hasta las nueve porque a esa hora empezaron a entrar miles de personas y tuve que poner los pies en el suelo. Como así no podía seguir durmiendo, acabé sentándome. Me seguía doliendo la cabeza y ahora mucho más fuerte. Creo que nunca en mi vida me había sentido tan deprimido.

Sin querer empecé a pensar en el señor Antolini y en qué le diría a su mujer cuando ella le preguntara por qué no había dormido allí. No me preocupé mucho porque sabía que era un tío inteligente y se le ocurriría alguna explicación. Le diría que me había ido a mi casa o algo así. Eso no era problema. Lo que sí me preocupaba era haberme despertado y haberme encontrado al señor Antolini acariciándome la cabeza. Me pregunté si me habría equivocado al pensar que era marica. A lo mejor simplemente le gustaba acariciar cabezas de tíos dormidos. ¿Cómo se puede saber esas cosas con seguridad? Es imposible. Hasta llegué a pensar que a lo mejor debía haber recogido las maletas y haber vuelto a su casa como le había dicho. Pensé que aunque fuera marica de verdad, lo cierto es que se había portado muy bien conmigo. No le había importado nada que le hubiera llamado a media noche y hasta me había dicho que fuera inmediatamente si quería. Pensé que se había molestado en darme todas esas explicaciones acerca de cómo averiguar qué tamaño tienes de inteligencia, y pensé también que fue el único que se acercó a James Castle cuando estaba muerto. Pensé en todas estas cosas, y cuanto más pensaba, más me deprimía. Quizá debía haber vuelto a su casa. Quizá me había acariciado la cabeza sólo porque le apetecía. Pero cuantas más vueltas • le daba en la cabeza a todo aquel asunto, peor me sentía. Me dolían muchísimo los ojos. Me escocían de no dormir. Y para colmo estaba cogiendo un catarro y no llevaba pañuelo. Tenía unos cuantos en la maleta, pero no me apetecía abrirla en medio de toda aquella gente. Alguien se había dejado una revista en el banco de al lado, así que me puse a ojearla a ver si con eso dejaba de pensar en el señor Antolini y en muchas otras cosas. Pero el artículo que empecé a leer me deprimió aún más. Hablaba de hormonas. Te decía cómo tenías que tener la cara y los ojos y todo lo demás cuando las hormonas te funcionaban bien, y yo no respondía para nada a la descripción. Era igualito, en cambio, al tipo que según el artículo tenía unas hormonas horribles, así que de pronto empecé a preocuparme por las dichosas hormonas. Luego me

—

puse a leer otro artículo sobre cómo descubrir si tienes cáncer. Decía que si te sale una pupa en los labios y tarda mucho en curarse es probablemente señal de que lo tienes. Precisamente hacía dos semanas que tenía una calentura que no se secaba, así que inmediatamente me imaginé que tenía cáncer. Aquella revistita era como para levantarle la moral a cualquiera. Dejé de leer y salí a dar un paseo. Estaba seguro de que me quedaban como dos meses de vida. De verdad. Completamente seguro de ello. Y la idea no me produjo precisamente una alegría desbordante.

Parecía como si fuera a empezar a llover de un momento a otro, pero aun así me fui a dar un paseo. Iría a desayunar. No tenía mucha hambre, pero pensé que tenía que comer algo que tuviera unas cuantas vitaminas. Así que crucé la Quinta Avenida y eché a andar hacia donde están los restaurantes baratos porque no quería gastar mucho dinero.

Mientras caminaba pasé junto a dos tíos que descargaban de un camión un enorme árbol de Navidad. Uno le gritaba al otro: «¡Cuidado! ¡Que se cae el muy hijoputa! ¡Agárralo bien!»

¡Vaya manera de hablar de un árbol de Navidad! Como, a pesar de todo, tenía gracia, solté la carcajada. No pude hacer nada peor porque en el momento en que me eché a reír me entraron unas ganas horribles de vomitar. De verdad. Hasta devolví un poco, pero luego se me pasó. No entiendo por qué fue. No había comido nada que hubiera podido sentarme mal y además tengo un estómago bastante fuerte. Pero, como les decía, se me pasó y decidí tomar algo. Entré en un bar con pinta de barato y pedí un café y un par de donuts, pero no pude con ellos. Cuando uno está muy deprimido le resulta dificilísimo tragar. Pero por suerte el camarero era un tipo muy amable y se los volvió a llevar sin cobrármelos ni nada. Me tomé el café bebido y luego volví a la Quinta Avenida.

Era lunes, faltaban muy pocos días para Navidad y todas las tiendas estaban abiertas. Daba gusto pasear por allí. Había un ambiente muy navideño con todos esos Santa Claus tan cochambrosos que te encontrabas en todas las esquinas y las mujeres del Ejército de Salvación, esas que no se pintan ni nada, todos tocando campanillas. Miré a ver si encontraba a las monjas que había conocido el día anterior, pero no las vi. Ya me lo imaginaba porque me habían dicho que venían a Nueva York a enseñar, así que dejé de buscarlas. Pero, como les decía, se notaba mucho que era época de Navidad. Había millones de niños subiendo y bajando de autobuses y entrando y saliendo de tiendas con sus madres. Eché de menos a Phoebe. Ya no es tan pequeña como para volverse loca en el departamento de juguetes, pero le gusta pasear por ahí y ver a la gente. Dos años antes la había llevado de compras conmigo por esas fechas y lo pasamos estupendamente. Creo que fuimos a Bloomingdale's. Entramos en el departamento de zapatería e hicimos como si ella —¡qué Phoebe ésa!— hubiera querido comprarse unas botas de las que tienen miles de agujeros para pasar los cordones. Volvimos loco al dependiente. Phoebe se probó como veinte pares y el pobre hombre tuvo que abrochárselas todas. Le hicimos una buena faena, pero Phoebe se divirtió como loca. Al final compramos un par de mocasines y lo cargamos a la cuenta de mamá. El empleado estuvo muy amable. Creo que se dio cuenta de que estábamos tomándole el pelo, porque Phoebe acaba siempre soltando el trapo.

Pero, como les decía, me recorrí toda la Quinta Avenida sin corbata ni nada. De pronto empezó a pasarme una cosa horrible. Cada vez que iba a cruzar una calle y bajaba el bordillo de la acera, me entraba la sensación de que no iba a llegar al otro lado. Me parecía que iba a hundirme, a hundirme, y que nadie volvería a verme jamás. ¡Jo! ¡No me asusté poco! No se imaginan. Empecé a sudar como un condenado hasta que se me empapó toda la camisa y la ropa interior y todo.

Luego me pasó otra cosa. Cuando llegaba al final de cada manzana me ponía a hablar con mi hermano muerto y le decía: «Allie, no me dejes desaparecer., No dejes que desaparezca. Por favor, Allie.» Y cuando acababa de cruzar la calle, le daba las gracias. Cuando llegaba a la esquina siguiente, volvía a hacer lo mismo. Pero seguí andando. Creo que tenía miedo de detenerme, pero si quieren que les diga la verdad, no me acuerdo muy bien. Sé que no paré hasta que llegué a la calle sesenta y tantos, pasado el Zoo y todo. Allí me senté en un banco. Apenas podía respirar y sudaba como un loco. Me pasé sin moverme como una hora, y al final decidí irme de Nueva. York. Decidí no volver jamás a casa ni a ningún otro colegio. Decidí despedirme de Phoebe, decirle adiós, devolverle el dinero que me había prestado, y marcharme al Oeste haciendo autostop. Iría al túnel Holland, pararía un coche, y luego a otro, y a otro, y a otro, y en pocos días llegaría a un lugar donde haría sol y mucho calor y nadie me conocería. Buscaría un empleo. Pensé que encontraría trabajo en una gasolinera poniendo a los coches aceite y gasolina. Pero la verdad es que no me importaba qué clase de trabajo fuera con tal de que nadie me conociera y yo no conociera a nadie. Lo que haría sería hacerme pasar por sordomudo y así no tendría que hablar. Si querían decirme algo, tendrían que escribirlo en un papelito y enseñármelo. Al final se hartarían y ya no tendría que hablar el resto de mi vida. Pensarían que era un pobre hombre y me dejarían en paz. Yo les llenaría los depósitos de gasolina, ellos me pagarían, y con el dinero me construiría una cabaña en algún sitio y pasaría allí el resto de mi vida. La levantaría cerca del bosque, pero no entre los árboles, porque quería ver el sol todo el tiempo. Me haría la comida, y luego, si me daba la gana de casarme, conocería a una chica guapísima que sería también sordomuda y nos casaríamos. Vendría a vivir a la cabaña conmigo y si quería decirme algo tendría que escribirlo como todo el mundo. Si llegábamos a tener hijos, los esconderíamos en alguna parte. Compraríamos un montón de libros y les enseñaríamos a leer y escribir nosotros solos.

Pensando en todo aquello me puse contentísimo. De verdad. Sabía que eso de hacerme pasar por sordomudo era imposible, pero aun así, me gustaba imaginármelo. Lo que sí decidí con toda seguridad fue lo de irme al Oeste. Pero antes tenía que despedirme de Phoebe. Crucé la calle a todo correr —por poco me atropellan—, entré en una papelería y compré un bloc y un lápiz. Pensé que le escribiría una nota diciéndole dónde podíamos encontrarnos para despedirnos y para que yo pudiera devolverle el dinero que me había prestado. Llevaría la nota al colegio y se la daría a alguien de la oficina para que se la entregaran. Estaba demasiado nervioso para escribirla en la tienda, así que me guardé el bloc y el lápiz en el bolsillo y empecé a andar a toda prisa hacia el colegio. Fui casi corriendo porque quería que recibiera el recado antes de que se fuera a comer a casa. No me quedaba mucho tiempo.

Naturalmente sabía dónde estaba el colegio porque había ido de pequeño. Cuando entré sentí una sensación rara. Creí que no iba a recordar cómo era por dentro, pero me acordaba perfectamente. Estaba exactamente igual que cuando yo estudiaba allí. El mismo patio interior, bastante oscuro, con una especie de jaulas alrededor de las farolas para que no se rompieran las bombillas si les daban con la pelota. Los mismos círculos blancos pintados en el suelo para juegos y cosas así, y las mismas cestas de baloncesto sin la red, sólo los maderos y los aros.

No había nadie, probablemente porque estaban todos en clase y aún no era la hora de comer. No vi más que a un niño negro. Del bolsillo trasero del pantalón le asomaba uno de esos pases de madera que llevábamos también nosotros y que demostraban que tenía uno permiso para ir al baño.

Seguía sudando, pero no tanto como antes. Me acerqué a las escaleras, me senté en el primer escalón y saqué el bloc y el lápiz que había comprado. Olía igual que cuando yo era pequeño, como si alguien acabara de mearse allí. Las escaleras de los colegios siempre huelen así. Pero, como les decía, me senté y escribí una nota:

—

Querida Phoebe,

no puedo esperar hasta el miércoles, así que me voy esta tarde al Oeste en autostop. Ven si puedes a la puerta del museo de arte a las doce y cuarto. Te devolveré tu dinero de Navidad. No he gastado mucho. Con mucho cariño,

Holden

El colegio estaba muy cerca del museo y Phoebe tenía que pasar por delante para ir a casa, así que estaba seguro de que la vería.

Cuando acabé, me fui a la oficina del director para ver si alguien podía llevarle la nota a su clase. La doblé como diez veces para que no la leyeran. En un colegio no se puede fiar uno de nadie. Pensé que se la darían porque era su hermano.

Mientras subía las escaleras creí que iba a vomitar otra vez, pero no. Me senté un segundo y me recuperé bastante. Pero mientras estaba sentado vi una cosa que me puso negro. Alguien había escrito J... en la pared. Me puse furiosísimo. Pensé en Phoebe y en los otros niños de su edad que lo verían y se preguntarían qué quería decir aquello. Siempre habría alguno que se lo explicaría de la peor manera posible, claro, y todos pensarían en eso y hasta se preocuparían durante un par de días. Me entraron ganas de matar al que lo había escrito. Tenía que haber sido un pervertido que había entrado por la noche en el colegio a mear o algo así, y lo había escrito en la pared. Me imaginé que le pillaba con las manos en la masa y que le aplastaba la cabeza contra los peldaños de piedra hasta dejarle muerto todo ensangrentado. Pero sabía que no tenía valor para hacer una cosa así. Lo sabía y eso me deprimió aún más. La verdad es que ni siquiera tenía valor para borrarlo con la mano. Me dio miedo de que me sorprendiera un profesor y se creyera que lo había escrito yo. Al final lo borré y luego subí a las oficinas. El director no estaba, pero sentada a la máquina de escribir había una viejecita que debía tener como cien años. Le expliqué que era hermano de Phoebe Caulfield de la 4B-1 y le dije que por favor le entregara la nota, que era muy importante porque mi madre estaba enferma y me había encargado que llevara a Phoebe a comer a una cafetería. La viejecita estuvo muy amable. Llamó a otra ancianita de la oficina de al lado y le dio la nota para que se la llevara a mi hermana. Luego la que tenía como cien años y yo hablamos un buen rato. Era muy simpática. Cuando le dije que había estudiado allí me preguntó que adonde iba ahora y le contesté que a Pencey. Me dijo que era muy buen colegio. Aunque hubiera querido hacerlo, no habría tenido fuerzas suficientes para abrirle los ojos. Además si quería creer que Pencey era muy buen colegio que lo creyera. De todos modos es dificilísimo hacer cambiar de opinión a una ancianita que tiene ya como un siglo. Les gusta seguir pensando las mismas cosas de antes. Al cabo de un buen rato me fui. Tuvo gracia. Al salir la

—

viejecita me gritó «Buena suerte» con el mismo tono con que me lo había dicho Spencer cuando me largué de Pencey. ¡Dios mío! ¡Cómo me fastidia que me digan «Buena suerte» cuando me voy de alguna parte! Es de lo más deprimente.

Bajé por una escalera diferente y vi otro J... en la pared. Quise borrarlo con la mano también, pero en este caso lo habían grabado con una navaja o algo así. No había forma de quitarlo. De todos modos, aunque dedicara uno a eso un millón de años, nunca sería capaz de borrar todos los J... del mundo. Sería imposible.

Miré el reloj del patio. Eran las doce menos veinte. Aún me quedaba mucho tiempo por matar antes de ver a Phoebe, pero, como no tenía otro sitio adonde ir, me fui al museo de todos modos. Pensé parar en una cabina de teléfonos para llamar a Jane Gallaher antes de salir para el Oeste, pero no estaba en vena.

Mientras esperaba a Phoebe dentro del vestíbulo del museo, se me acercaron dos niños a preguntarme si sabía dónde estaban las momias. El más pequeño, el que me había hablado, llevaba la bragueta abierta. Cuando se lo dije se la abrochó sin moverse de donde estaba. No se molestó ni en esconderse detrás de una columna ni nada. Me hizo muchísima gracia. Me habría reído, pero tuve miedo de vomitar otra vez, así que me contuve.

—¿Dónde están las momias, oiga? —repitió el niño—. ¿Lo sabe?

Me dio por tomarles el pelo un rato.

—¿Las momias? ¿Qué es eso? —le pregunté.

—Ya sabe, las momias. Esos tíos que están muertos. Los que meten en *tundas* y todo eso.

¡Qué risa! Quería decir tumbas.

—¿Cómo es que no estáis en el colegio? —le pregunté.

—Hoy no hay colegio —dijo el que hablaba siempre. Estoy seguro de que mentía descaradamente, el muy sinvergüenza. Como no tenía nada que hacer hasta que llegara Phoebe, les ayudé a buscar las momias. ¡Jo! Antes sabía exactamente dónde estaban, pero hacía años que no entraba en aquel museo.

—¿Os interesan mucho las momias? —les dije.

—Sí.

—¿No sabe hablar tu amigo?

—No es mi amigo. Es mi hermano.

—¿No sabe hablar? —miré al que estaba callado—. ¿No sabes?

—Sí —me dijo—, pero no tengo ganas.

Al final averiguamos dónde estaban las momias.

—¿Sabéis cómo enterraban los egipcios a los muertos? —pregunté a uno de los niños.

—No.

Pues deberíais saberlo porque es muy importante. Los envolvían en una especie de vendas empapadas en un líquido secreto. Así es como podían pasarse miles de años en sus tumbas sin que se les pudriera la cara ni nada. Nadie sabe qué líquido era ése. Ni siquiera los científicos modernos.

Para llegar adonde estaban las momias había que pasar por una especie de pasadizo. Una de las paredes estaba hecha con piedras que habían traído de la tumba de un faraón. La verdad es que daba bastante miedo y aquellos dos valientes no las tenían todas consigo. Se arrimaban a mí lo más que podían y el que no despegaba los labios iba prácticamente colgado de mi manga.

—Vámonos de aquí —le dijo de pronto a su hermano—. Yo ya las he visto. Venga, vámonos.

Se volvió y salió corriendo.

—Es de un cobarde que no vea —dijo el otro—. Adiós.

—

Y se fue corriendo también. Me quedé solo en la tumba. En cierto modo me gustó. Se estaba allí la mar de tranquilo. De pronto no se imaginan lo que vi en la pared. Otro J... Estaba escrito con una especie de lápiz rojo justo debajo del cristal que cubría las piedras del faraón.

Eso es lo malo. Que no hay forma de dar con un sitio tranquilo porque no existe. Cuando te crees que por fin lo has encontrado, te encuentras con que alguien ha escrito un J... en la pared. De verdad les digo que cuando me muera y me entierren en un cementerio y me pongan encima una lápida que diga Holden Caulfield y los años de mi nacimiento y de mi muerte, debajo alguien escribirá la dichosa palabrita.

Cuando salí de donde estaban las momias, tuve que ir al baño. Tenía diarrea. Aquello no me importó mucho, pero ocurrió algo más. Cuando ya me iba, poco antes de llegar a la puerta, no me desmayé de milagro. Tuve suerte porque podía haber dado con la cabeza en el suelo y haberme matado, pero caí de costado. Me salvé por un pelo. Al rato me sentí mejor. De verdad. Me dolía un poco el brazo de la caída, pero ya no estaba tan mareado.

Eran como las doce y diez, así que volví a la puerta a esperar a Phoebe. Pensé que quizá fuera aquélla la última vez que la veía. A Phoebe o a cualquiera de mi familia. Supongo que volvería a verles algún día, pero dentro de muchos años. Regresaría a casa cuando tuviera como treinta y cinco o así. Alguien se pondría enfermo y querría verme antes de morir. Eso sería lo único que podría hacerme abandonar mi cabaña. Me imaginé cómo sería mi vuelta. Sabía que mi madre se pondría muy nerviosa y empezaría a llorar y a suplicarme que no me fuera, pero yo no la haría caso. Estaría de lo más sereno. Primero la tranquilizaría y luego me acercaría a la mesita que hay al fondo del salón donde están los cigarrillos, sacaría uno y lo encendería así como muy frío y despegado. Les diría que podían ir a visitarme, pero no insistiría mucho. A Phoebe sí la dejaría venir a verme en verano, en Navidad, en Pascua. D.B. podría venir también si necesitaba un sitio bonito y tranquilo donde trabajar, pero en mi cabaña no le dejaría escribir guiones de cine. Sólo cuentos y libros. A todos los que vinieran a visitarme les pondría una condición. No hacer nada que no fuera sincero. Si no, tendrían que irse a otra parte. De pronto miré el reloj que había en el guardarropa y vi que era la una menos veinticinco. Empecé a temer que la viejecita del colegio no le hubiera dado la nota a Phoebe. Quizá la otra la había dicho que la quemara o algo así. No saben el susto que me llevé. Quería ver a Phoebe antes de echarme al camino. Tenía que devolverle su dinero y despedirme y todo eso.

Al final la vi venir a través de los cristales de la puerta. Era imposible no reconocerla porque llevaba mi gorra de caza puesta. Salí y bajé la escalinata de piedra para salirle al encuentro. Lo que no podía entender era por qué llevaba una maleta. Cruzaba la Quinta Avenida arrastrándola porque apenas podía con ella.

Cuando me acerqué me di cuenta de que era una mía vieja que usaba cuando estudiaba en Whooton. No comprendía qué hacía allí con ella.

—

—Hola —me dijo cuando llegó a mi lado. Jadeaba de haber ido arrastrando aquel trasto.

—Creí que no venías —le contesté—. ¿Qué diablos llevas ahí? No necesito nada. Voy a irme con lo puesto. No pienso recoger ni lo que tengo en la estación. ¿Qué has metido ahí dentro?

Dejó la maleta en el suelo.

—Mi ropa —dijo—. Voy contigo. ¿Puedo? ¿Verdad que me dejas?

—¿Qué? —le dije. Casi me caí al suelo cuando me lo dijo. Se lo juro. Me dio tal mareo que creí que iba a desmayarme otra vez.

—Bajé en el ascensor de servicio para que Charlene no me viera. No pesa nada. Sólo llevo dos vestidos, y mis mocasines y unas cuantas cosas de ésas. Mira. No pesa, de verdad. Cógela, ya verás... ¿Puedo ir contigo, Holden? ¿Puedo? ¡Por favor!

—No. ¡Y cállate!

Creía que iba a desmayarme. No quería decirle que se callara, pero es que de verdad pensé que me iba al suelo.

—¿Por qué no? Holden por favor, no te molestaré nada, sólo iré contigo. Si no quieres no llevaré ni la ropa. Cogeré sólo...

—No cogerás nada porque no vas a venir. Voy a ir solo, así que cállate de una vez.

—Por favor, Holden. Por favor, déjame ir. No notarás siquiera que...

—No vas. Y a callar. Dame esa maleta —le dije. Se la quité de la mano y estuve a punto de darle una bofetada. Empezó a llorar—. Creí que querías salir en la función del colegio. Creía que querías ser Benedict Arnold —le dije de muy malos modos—. ¿Qué quieres? ¿No salir en la función?

Phoebe lloró más fuerte. De pronto quise hacerla llorar hasta que se le secaran las lágrimas. Casi la odiaba. Creo que, sobre todo, porque si se venía conmigo no saldría en esa representación.

—Vamos —le dije. Subí otra vez la escalinata del museo.

Dejaría aquella absurda maleta en el guardarropa y ella podría recogerla cuando saliera a las tres del colegio. No podía ir a la clase cargada con ella.

—Venga, vámonos.

No quiso subir las escaleras. Se negaba a ir conmigo. Subí solo, dejé la maleta y volví a bajar. Estaba esperándome en la acera, pero me volvió la espalda cuando me acerqué a ella. A veces es capaz de hacer cosas así.

—No me voy a ninguna parte. He cambiado de opinión, así que deja de llorar —le dije. Lo gracioso es que Phoebe ya no lloraba pero se lo grité igual—. Vamos, te acompañaré al colegio. Venga. Vas a negar tarde.

No me contestó siquiera. Quise darle la mano, pero no me dejó. Seguía sin mirarme.

—¿Tomaste algo? —le pregunté. ¿Has comido ya?

No despegó los labios. Se quitó la gorra de caza —la que yo le había dado—, y me la tiró a la cara. Luego me volvió la espalda otra vez. Yo no dije nada. Recogí la gorra y me la metí en el bolsillo.

—Vamos. Te llevaré al colegio. —No pienso volver al colegio.

Cuando me dijo aquello no supe qué contestarle. Me quedé sin saber qué decir unos minutos, parado en medio de la calle.

—Tienes que volver. ¿Quieres salir en esa función, o no? ¿Quieres ser Benedict Arnold, o no?

—No.

—Claro que sí. Claro que quieres. Venga, vámonos de aquí —le dije—. En primer lugar no me voy a ninguna parte, ya te lo he dicho. En cuanto te deje en el colegio voy a volver a casa. Primero me acercaré a la estación y de allí me iré directamente...

—He dicho que no vuelvo al colegio. Tú puedes hacer lo que te dé la gana, pero yo no vuelvo allí. Así que cállate ya.

Era la primera vez que me decía que me callara. Dicho por ella sonaba horrible. ¡Dios mío! Peor que una palabrota. Seguía sin mirarme y cada vez que le ponía la mano en el hombro o algo así, se apartaba.

—

—Oye, ¿quieres que vayamos a dar un paseo? —le pregunté—. ¿Quieres que vayamos hasta el zoológico? Si te dejo no ir al colegio y dar en cambio un paseo conmigo, ¿no harás más tonterías?

No quiso contestarme, así que volví a decírselo:

—Si te dejo no ir a clase esta tarde, ¿no harás tonterías? ¿Irás mañana al colegio como una buena chica?

—No lo sé —me dijo. Luego echó a correr y cruzó la calle sin mirar siquiera si venía algún coche. A veces se pone como loca.

No corrí tras ella. Sabía que me seguiría, así que eché a andar por la acera del parque mientras ella iba por la de enfrente. Se notaba que me miraba con el rabillo del ojo y sin volver la cabeza para ver por dónde iba. Así fuimos hasta el zoológico. Lo único que me preocupaba es que a veces pasaba un autobús de dos pisos que me tapaba el lado opuesto de la calle y no me dejaba ver a Phoebe. Pero cuando llegamos, grité:

—¡Voy a entrar al zoológico! ¡Ven!

No volvió la cabeza, pero sabía que me había oído, y cuando empecé a bajar los escalones me volví y vi que estaba cruzando la calle para seguirme.

El zoológico estaba bastante desanimado porque hacía un día muy malo, pero en torno al estanque de las focas se habían reunido unas cuantas personas. Pasaba por allí sin detenerme cuando vi a Phoebe que fingía mirar cómo daban de comer a los animales —había un tío echándoles pescado—, así que volví atrás. Pensé que aquélla era buena ocasión para alcanzarla. Me acerqué, me paré detrás de ella y le puse las manos en los hombros, pero Phoebe dobló un poco las rodillas y se hizo a un lado. Ya les he dicho que cuando le da por ahí, se pone bastante descarada. Se quedó mirando cómo daban de comer a las focas y yo de pie tras ella. No volví a tocarla porque sabía que si lo hacía se marcharía. Los críos tienen sus cosas. Hay que andarse con mucho cuidado cuando uno trata con ellos.

Cuando se cansó del estanque de las focas, echó a andar si no a mi lado, tampoco muy lejos de mí. Íbamos más o menos uno por cada extremo de la acera. No era la situación ideal, pero era mejor que caminar a una milla de distancia como antes. Subimos la colinita del zoológico y nos paramos en lo alto, donde están los osos. Pero allí no había mucho que ver. Sólo estaba fuera uno de ellos, el polar. El otro, el marrón, estaba metido en su cuevecita dichosa y no le daba la gana de salir. No se le veía más que el trasero. A mi lado había un crío de pie con un sombrero de vaquero que le tapaba hasta las orejas. No hacía más que decir a su padre: «¡Hazle salir, papá! ¡Hazle salir!» Miré a Phoebe pero no quiso reírse. A los niños se les nota en seguida cuándo están enfadados en que no quieren reírse.

Dejamos de mirar a los osos, salimos del zoológico, cruzamos la callecita del parque, y nos metimos en uno de esos túneles que siempre huelen a pis. Era el camino del tiovivo. Phoebe seguía sin querer hablarme, pero por lo menos ahora iba a mi lado. La cogí por el cinturón del abrigo, pero me dijo:

—Las manos en los bolsillos, si no te importa.

Aún estaba enfadada, pero no tanto como antes. Habíamos llegado muy cerca del tiovivo y ya se oía esa musiquilla que toca siempre. En ese momento sonaba «¡Oh, Marie!», la misma canción que cuando yo era pequeño, como cincuenta años antes. Eso es lo bonito que tienen los tiovivos, que siempre tocan la misma música.

—Creí que lo cerraban en invierno —me dijo Phoebe. Era la primera vez que abría la boca. Probablemente se le había olvidado que estaba enfadada conmigo.

—A lo mejor lo han abierto porque es Navidad —le dije.

No me contestó. Debía haberse acordado del enfado.

—¿Quieres subir? —le dije. Pensé que le gustaría. Cuando era muy pequeñita y venía al parque con Allie y conmigo, le volvía loca montar en el tiovivo. No había forma de bajarla de allí.

—

—Ya soy muy mayor —dijo. Pensé que no iba a decir nada, pero me contestó.

—No es verdad. ¡Venga! Te esperaré. ¡Anda! —le dije. Habíamos llegado. Subidos en el tiovivo había unos cuantos niños, la mayoría muy chicos, mientras que en los bancos de alrededor esperaban unos cuantos padres. Me acerqué a la ventanilla donde vendían los tickets y compré uno para Phoebe. Luego se lo di. Estaba de pie justo a mi lado.

—Toma —le dije—. Espera un momento. Aquí tienes el resto de tu dinero.

Quise darle lo que me quedaba, pero ella no me dejó.

—No, guárdalo tú. Guárdamelo —me dijo. Luego añadió—, por favor.

Me da mucha pena cuando alguien me dice «por favor», quiero decir alguien como Phoebe. Me deprimió muchísimo. Volví a meterme el dinero en el bolsillo.

—¿No vas a montar tú también? —me preguntó. Me miraba con una expresión bastante rara. Se le notaba que ya no estaba enfadada conmigo.

—Quizá a la próxima. Esta te miraré —le dije—. ¿Tienes tu ticket?

—Sí.

—Entonces, ve. Yo te espero en ese banco. Te estaré mirando.

Me senté y ella subió al tiovivo. Dio la vuelta a toda la plataforma y al final se montó en un caballo marrón muy grande y bastante tronado. Luego el tiovivo se puso en marcha y la vi girar y girar. En esa vuelta habían subido sólo como cinco o seis niños y la música era «Smoke Gets in Your Eyes». El soniquete del aparato ese le daba a la canción un aire muy gracioso, como de jazz. Todos los críos trataban de estirar los brazos para tocar la anilla dorada del premio y Phoebe también. Me dio miedo que se cayera del caballo, pero no le dije nada. A los niños hay que tratarles así. Cuando se empeñan en hacer una cosa, es mejor dejarles. Si se caen que se caigan, pero no es bueno decirles nada.

Cuando el tiovivo paró se bajó del caballo y vino a decirme:

—Esta vez te toca a ti.

—No. Prefiero verte montar —le dije. Le di más dinero—. Toma, saca unos cuantos tickets.

Lo cogió.

—Ya no estoy enfadada contigo —dijo.

—Lo sé. Date prisa. Va a empezar otra vez.

De pronto, sin previo aviso, me dio un beso. Extendió la mano y me dijo:

—Llueve. Está empezando a chispear.

—Lo sé.

Luego hizo una cosa que me hizo mucha gracia. Me metió la mano en el bolsillo del abrigo, sacó la gorra de caza, y me la puso.

—¿No la quieres tú? —le dije.

—Te la presto un rato.

—Bueno. Ahora date prisa. Vas a perderte esta vuelta. Te quitarán tu caballo.

Pero no se movió.

—¿Es cierto lo que dijiste antes? ¿Que ya no vas a ninguna parte? ¿Irás a casa desde aquí? —me preguntó.

—Sí —le dije. Y era verdad. No mentía. Pensaba ir desde allí—. Pero date prisa. Ya empieza a moverse.

Salió corriendo, compró su ticket y subió al tiovivo justo a tiempo. Luego dio la vuelta otra vez a toda la plataforma hasta que llegó a su caballo. Se subió a él, me saludó con la mano, y yo le devolví el saludo. ¡Jo! ¡De pronto empezó a llover a cántaros! Un diluvio, se lo juro. Todos los padres y madres se refugiaron bajo el alero del tiovivo para no calarse hasta los huesos, pero yo aún me quedé sentado en el banco un buen rato. Me empapé bien, sobre todo el cuello y los pantalones. En cierto modo la gorra de caza me protegía bastante, pero aun así me mojé. No me importó. De pronto me sentía feliz viendo a Phoebe girar y girar. Si quieren que les diga la verdad, me sentí tan contento que estuve a punto de gritar. No sé por qué. Sólo porque estaba tan guapa con su abrigo azul dando vueltas y vueltas sin parar. ¡Cuánto me habría gustado que la hubieran visto así!

—

Capítulo 26

Esto es todo lo que voy a contarles. Podría decirles lo que pasó cuando volví a casa y cuando me puse enfermo, y a qué colegio voy a ir el próximo otoño cuando salga de aquí, pero no tengo ganas. De verdad. En este momento no me importa nada de eso.

Mucha gente, especialmente el siquiatra que tienen aquí, me pregunta si voy a aplicarme cuando vuelva a estudiar en septiembre. Es una pregunta estúpida. ¿Cómo sabe uno lo que va a hacer hasta que llega el momento? Es imposible. Yo creo que sí, pero, ¿cómo puedo saberlo con seguridad? Vamos, que es una estupidez.

D.B. no es tan latoso como los demás, pero también me hace siempre un montón de preguntas. Vino a verme el sábado pasado con una chica inglesa que va a salir en la película que está escribiendo. Era la mar de afectada pero muy guapa. En un momento en que se fue al baño, que está al fondo de la otra ala del edificio, D.B. me preguntó qué pensaba de todo lo que les he contado. No supe qué contestarle. Si quieren que les diga la verdad, no lo sé. Siento habérselo dicho a tanta gente. De lo que estoy seguro es de que echo de menos en cierto modo a todas las personas de quienes les he hablado, incluso Stradlater y a Ackley, por ejemplo. Creo que hasta al cerdo de Maurice le extraño un poco. Tiene gracia. No cuenten nunca nada a nadie. En el momento en que uno cuenta cualquier cosa, empieza a echar de menos a todo el mundo.

F I N

CPSIA information can be obtained
at www.ICGtesting.com
Printed in the USA
LVOW10s1934020218
565069LV00018B/743/P